ars vivendi

Barbara Dicker
Hans Kurz

BIER GRILLEN

ars vivendi

Originalausgabe

1. Auflage April 2016
© 2016 by ars vivendi verlag
GmbH & Co. KG, Bauhof 1,
90556 Cadolzburg
Alle Rechte vorbehalten
www.arsvivendi.com

Lektorat: Simone Goller
Umschlaggestaltung: ars vivendi verlag
Fotografie & Styling: Daniel Duve, www.danielduve.com
Innengestaltung: Annina Himpel
Druck: Westermann Druck, Zwickau
Printed in Germany

ISBN 978-3-86913-618-9

BIER GRILLEN

Inhalt

- 8 Einleitung
- 10 Hinweis: Alkohol

- 11 Marinaden, Saucen, Butter
- 12   Marinaden
- 20   Saucen
- 32   Butter

- 37 Amuses Grilles

- 45 Salate vom Grill

- 53 Fleisch
- 54 Fleisch grillen –Basics
- 56   Schwein
- 72   Rind
- 82   Schaf
- 86   Geflügel
- 92 Accessoires – Die Fünf von der Grillstelle

95	Fisch und Meeresfrüchte
108	Grilltypen – Alles Kohle, oder was?
111	Vegetarisch und Vegan
112	Vegetarische Hauptspeisen
122	Vegane Hauptspeisen
132	Gemüsebeilagen
145	Nachspeisen
157	Getränke
161	Kleine Bierkunde
168	Biersorten
175	Register

Einleitung

100 Rezepte – alle mit Bier, alles vom Grill

Grillen und Bier, das gehört einfach zusammen. Meist sieht es aber so aus: Der Mann steht am Feuer und verlangt nach Bier. Er bekommt eine geöffnete Flasche gereicht, weil er ja mit der freien Hand das Grillgut wenden muss. Also Daumen auf die Flasche, kräftig geschüttelt und dann den schäumenden Gerstensaft über Steaks und Bratwürste gesprüht. Es zischt und dampft, die heiße Asche wird aufgewirbelt und legt sich auf das Fleisch, während sich der Chef am Grill den Rest vom Bier einverleibt.

Stopp! So nicht. Nicht mit uns. Das ist Bierfrevel. Natürlich gönnen wir jedem durstigen Griller – und jeder durstigen Grillerin! – ein kühles Bier. Und zwar ungeschüttelt und unverschüttet. Denn um die unvergleichliche Geschmacks- und Aromenvielfalt des Bieres ans Gegrillte zu bringen, gibt es bessere Methoden. Wer es nur drübergießt, egal ob bei Kohle-, Gas- oder Elektrogrill, kann es genauso gut in den Ausguss kippen. Vom erwünschten Biergeschmack wird kaum etwas beim Gegrillten ankommen.

Dass Bier nicht nur getrunken, sondern auch in den verschiedensten Gerichten verspeist werden kann, haben wir ja schon in unserem *Bierkochbuch* bewiesen. Für dieses Buch nun lief unser Grill einen Sommer und einen Herbst lang fast im Dauerbetrieb (zum Glück haben wir tolerante Nachbarn, die sich nicht über den ständigen Holzkohlerauch beschwerten). Wir testeten Marinaden, rührten Saucen zusammen und probierten Dessertvarianten. In den Genuss des Bieres kamen bei uns nicht nur Steaks und Burger, sondern auch Gemüse, Grillkäse und Geflügel, Tofu, Fisch, Salate und vegane Köstlichkeiten. Das Ergebnis sind 100 neue Rezepte, alle mit Bier – und alles vom Grill. Wir waren so konsequent, dass selbst Vorspeisen, Salate und Desserts vom Rost kommen. Wer mag, kann mit uns also ein komplettes Biermenü grillen.

Jetzt wollen wir Ihnen den Mund nicht länger bierig machen, sondern laden dazu ein, 100 – mal raffinierte, mal erstaunlich einfache – Rezepte nachzugrillen, oder sie als Inspiration für eigene bierige Grillideen zu nutzen.

Bevor es losgeht, noch ein paar Hinweise: Wir haben unsere Biergrill-Ideen auf einem Holzkohlegrill zubereitet. Da je nach Güte der Kohle, Witterung und Qualität des Grillguts (vor allem des Fleisches) die Garzeiten unterschiedlich ausfallen können, sind die angegebenen Werte nur Schätzwerte. Die Rezepte sind in der Regel so angelegt, dass vier Personen satt werden. Wo sich eine spezielle Bierart empfiehlt, haben wir das in den Zutatenlisten vermerkt. Wenn da nur »Bier« steht, funktioniert ein normales Helles am besten.

Hinweis: Alkohol

»Alkohol? Der verkocht doch!« Nicht ganz. Tatsächlich liegt der Siedepunkt von Trinkalkohol (Ethanol) bei 78 °C – eine Temperatur, die auf dem Grill meist noch schneller erreicht wird als im Kochtopf. Wie viel sich vom Alkohol aber wirklich verflüchtigt, hängt sehr stark von Menge und Zeit ab. Und bei kalten Saucen und Salatdressings bleibt er natürlich voll erhalten. Allerdings sind hier oft nur geringe Mengen im Spiel. Bei einer Sauce, die für 4–6 Portionen 100 ml Bier enthält, ergibt das etwa 1 Schnapsglas voll Bier pro Portion. Und beim Dressing ist es noch weniger. Wer die Sauce also nicht eimerweise konsumiert, braucht sich keine Sorgen um seinen Führerschein zu machen. Wenig bis gar nichts vom Alkohol bleibt auch beim Grillen von mariniertem Fleisch, Tofu oder Gemüse übrig. Vorsicht ist angebracht, wenn Kinder mit dabei sind. Da sollte man auf alkoholfreies oder Malzbier ausweichen – oder es ganz lassen. Letzteres gilt auch, wenn für trockene Alkoholiker gegrillt wird.

Etwas komplizierter verhält es sich, wenn Biermarinaden zu Saucen eingekocht werden, sowie bei Hackfleisch oder Sojaschnetzeln, die mit Bier vermengt werden. Bei einer Sauce, die bei offenem Topfdeckel lange eingekocht wird, verdunstet fast der ganze Alkohol, und zurück bleibt nur der erwünschte gute Biergeschmack. Wird sie nur erwärmt oder köchelt bei geschlossenem Deckel, sieht es anders aus. Wie viel übrig bleibt, haben amerikanische Forscher[*] mal genau nachgemessen. Sie sind u. a. zu folgenden Ergebnissen gekommen: Nach ¼ Stunde Köcheln waren noch 40 % des Alkohols im Essen, nach ½ Stunde 35 %, nach 1 Stunde 25 % und nach 2 Stunden immer noch 10 %. Und auch beim Grillen, Braten oder Backen von alkoholgetränkten Festkörpern bleibt mehr drin als gemeinhin gedacht.

Bier hat in dieser Hinsicht jedoch einen großen Vorteil: Selbst ein kräftiges Bockbier bringt von Haus aus nur die Hälfte des Alkohols eines Weines mit sich. Wer aber zum Beispiel unsere Bockburger (s. S. 73) in sehr großen Mengen verzehrt, dem raten wir trotzdem: Don't eat and drive!

[*] *J. Augustin, E. Augustin, R. L. Cutrufelli, S. R. Hagen, C. Teitzel: Alcohol Retention in Food Preparation (Journal of the American Dietetic Association), 1992, S. 486–488.*

Marinaden Saucen · Butter

Marinaden

In der Regel wird das Grillgut schon Stunden vorher oder am Vortag mariniert. Für kleinere Teile, insbesondere Gemüse und Fisch, reichen dagegen meist schon 30–60 Minuten, für dünne Fleischscheiben und Spieße 1–3 Stunden. Große Fleischstücke – egal, ob sie dann im Smoker zubereitet werden oder aufgeschnitten auf den Rost kommen – dürfen auch schon mal 2 Tage im Kühlschrank ziehen. Die Marinaden lassen sich anschließend gut zu Saucen weiterverarbeiten, indem sie durch ein Sieb passiert und dann durch Kochen reduziert werden. Weil wohl niemand Lust hat, am Herd zu stehen, wenn das Marinierte schon auf dem Grill liegt, lässt sich das auch noch am nächsten Tag nachholen.

Für die Grundrezepte verwenden wir etwas weniger als den Inhalt einer Halbliterflasche Bier. (Der Rest ist zum Testen für den Koch/die Köchin.) Sie sind für rund 1 kg Fleisch oder anderes Grillgut ausgelegt. Je nach Art und Menge des Grillguts kann natürlich mehr bzw. weniger nötig sein, um es vollständig zu bedecken.

Hauptsache Knoblauch

Senf-Salbei-Schwarzbier-Marinade

Senf, Paprikapulver und Salz gut miteinander verrühren. Das Grillgut damit rundum einstreichen und in eine Schüssel oder Schale legen. Etwa 1-2 Stunden im Kühlschrank ziehen lassen. Das Bier ebenfalls kühl stellen. Den Salbei waschen, trocken tupfen und dazugeben. Mit Bier aufgießen und das Ganze zugedeckt über Nacht in den Kühlschrank stellen. Sollte das Grillgut nicht vollständig von der Marinade bedeckt sein, mehrmals wenden.

Ideal für rotes Fleisch wie Steaks, Koteletts oder Lende, aber auch für Tofupattys.

- 2-3 EL scharfer Senf
- 1-2 EL edelsüßes Paprikapulver
- 2 TL grobes Meersalz
- ca. 10 Salbeiblätter
- 400 ml Schwarzbier

Märzen-Möhren-Marinade

Die Möhren putzen, schälen und in grobe Scheiben schneiden, das Koriandergrün waschen, trocken schleudern und grob zerteilen. Möhren und Koriandergrün in einer Schale mit Bier, Öl und Sojasauce vermischen. Das Grillgut hineinlegen und für mehrere Stunden in den Kühlschrank stellen.

Eignet sich hervorragend für Geflügel und Tofu, aber auch für Schweinefleisch mit asiatischer Note.

- 2-3 große Möhren
- 1 Bund Koriandergrün
- 350 ml Märzen
- 1 EL Sesamöl
- 2 EL Sojasauce

Zwickel-Zwiebel-Marinade

Das unfiltrierte Zwickelbier ist in Franken meist als Kellerbier bekannt. Wir mögen aber nun mal Alliterationen …

Die Zwiebeln schälen und vierteln, die Wacholderbeeren leicht andrücken. Zusammen mit Pfefferkörnern, Lorbeerblättern, Nelken und Salz in eine Schüssel geben, das Bier aufgießen und das Grillgut einlegen.

Passt am besten zu Wildfleisch und Rind.

- 3–4 mittelgroße Zwiebeln
- 10 Wacholderbeeren
- 10 schwarze Pfefferkörner
- 5 Lorbeerblätter
- 5 Gewürznelken
- 1–2 TL Salz
- 400 ml Zwickelbier (Kellerbier)

Hopfenstopfer

Hopfenstopfen ist die zusätzliche Hopfengabe im Lagertank beim Brauen. Hier werden im abgekühlten Bier kaum Bitterstoffe aus dem Hopfen gelöst, wohl aber die vielfältigen Hopfenaromen.

Für diese Marinade müssen wir keine Hopfendolden oder -pellets zusätzlich einbringen, wir verwenden aber ein hopfengestopftes Bier wie z. B. ein India Pale Ale (IPA) mit starken Zitrusaromen. Dazu noch etwas Schärfe und Süße – fertig.

Cayennepfeffer, Zucker und Öl mit dem Bier vermischen. Das Grillgut einlegen.

Gut geeignet für Fisch, Gemüse, Tofu und andere Sojaprodukte, aber auch für helles Fleisch.

- 2 TL Cayennepfeffer, alternativ 2 fein geschnittene Chilischoten
- 2–3 TL brauner Rohrzucker
- 1 EL kalt gepresstes helles Sesamöl
- 300 ml IPA

Hauptsache Knoblauch

Die Knoblauchzehen aus der Knolle lösen, dann schälen, klein schneiden und im Mörser oder mit dem Messer zerdrücken. Den Rosmarin waschen und trocken tupfen, die Nadeln abzupfen und klein hacken.

Das Öl erhitzen und das Tomatenmark 10-15 Minuten darin anschwitzen, dann Knoblauch, Rosmarin und Salz zugeben. Mit Bier aufgießen, gut durchrühren und kurz aufkochen, dann ausschalten und auf dem Herd etwas abkühlen lassen. Die lauwarme Marinade über das Grillgut geben und alles zugedeckt in den Kühlschrank stellen.

Passt zu Steaks von Rind und Schwein – oder zu allem, wenn man Knoblauch liebt.

1 Knoblauchknolle
1 Zweig Rosmarin
2 EL Olivenöl
1 EL Tomatenmark
1 TL Salz
350 ml dunkler Doppelbock

Indische Tandoori-Marinade

Unser einstiger Stamm-Inder in Erlangen servierte wahlweise in den Schärfestufen germanisch, indogermanisch, indisch und superindisch, abgestuft mit + und −. Unsere Variante ergibt, je nach Sorte der verwendeten Chilis, eine Schärfe zwischen indogermanisch− (gut scharf) und indisch+ (absolut schweißtreibend).
Vom Namen und vom Geschmack her würde ein India Pale Ale passen, das einst für den Export nach Asien mit extra viel Hopfen haltbar gemacht wurde. Wir nehmen allerdings ein deutsches Export, da die indischen Gewürze zu stark mit den Hopfenaromen konkurrieren würden.

Den Ingwer schälen und sehr fein hacken oder raspeln. Die Chilis waschen, trocken tupfen, klein schneiden und mitsamt der Kerne im Mörser zerstoßen. Alles mit den Gewürzen, Joghurt und Bier verrühren. Das Grillgut einlegen.

Passt am besten zu Lamm und allen Arten von Geflügel sowie Gemüse.

1 walnussgroßes Stück frischer Ingwer
2 Chilischoten
1 TL gemahlener Kreuzkümmel (Cumin)
2 TL gemahlene Kurkuma
200 g Naturjoghurt
200 ml Export

Kalte Saucen

Jedes Rezept ergibt ca. 500 ml für 5–6 Portionen.

Schnelle Schwarzbiersauce

Ketchup, Bier, Pfeffer und Salz gut verrühren. Fertig!

Passt am besten zu Steaks, Burgern und Kartoffeln.

400 g Tomatenketchup
100 ml Schwarzbier
1 TL gemahlener Pfeffer
1 Prise Salz

Schnelle Currysauce

Alle Zutaten gut verrühren. Und fertig.

Macht sich gut zu Fisch und hellem Fleisch.

400 g Tomatenketchup
100 ml helles Vollbier
2 TL Currypulver
1 TL rosenscharfes Paprikapulver
1 Prise Salz

Portercreme

Vegane Bieronaise

So lecker, dass sie auch bekennende Ei-Fans überzeugt.

Die Cashewkerne 4–5 Stunden im Bier einweichen.
Den Knoblauch schälen, grob hacken und mit den anderen Zutaten zu den Bier-Cashews geben. Alles mit dem Pürierstab zerkleinern, bis eine homogene Masse entsteht. Vor dem Servieren sollte die Bieronaise für etwa 1 Stunde kühl gestellt werden.

225 g Cashewkerne
100 ml Bier
1 Knoblauchzehe
1 EL milder Senf
1 EL Sonnenblumenöl
1 TL gemahlene Kurkuma
Salz

Passt bestens zu vegetarischen und veganen Spießen und Burgern.

Portercreme

Porter ist ein dunkles malzbetontes Bier, das gleichzeitig stark gehopft ist.

Die Schalotten schälen und fein würfeln. Das Olivenöl erhitzen und die Schalotten darin glasig braten, dann das Tomatenmark zugeben. Mit Bier ablöschen und die Flüssigkeit um etwa ein Drittel reduzieren lassen. Inzwischen den Rosmarin waschen und trocken schütteln, dann die Nadeln abzupfen, fein schneiden und in die Sauce geben. Crème fraîche hineinrühren und mit Salz und Pfeffer abschmecken. 10–15 Minuten köcheln lassen. Sollte die Sauce zu dünnflüssig sein, kleine eisgekühlte Butterstückchen unterrühren.

5 Schalotten
3 EL Olivenöl
1 EL Tomatenmark
250 ml Porter
1 Zweig Rosmarin
250 g Crème fraîche
Salz
Pfeffer
50 g sehr kalte Butter, bei Bedarf

Passt hervorragend zu Steaks.

Bierketchup

Hier kann man der Kreativität freien Lauf lassen, was die Kombination von Ketchup- und Biersorten betrifft. Wie wär's zum Beispiel mit etwas Chili (getrocknete Schoten zerbröseln) oder frischem Knoblauch (sehr fein hacken) zum Aufpeppen? Als Grundrezept empfehlen wir das Mischverhältnis:

Gut verrühren und fertig.   ¾ Ketchup
　　　　　　　　　　　　　　　　　　¼ Bier

Biersenf

Wie beim Ketchup sind auch beim Senf der Fantasie kaum Grenzen gesetzt. Auch frische Kräuter, z. B. Estragon, Dill oder Kapuzinerkresse, bieten sich als Beimischung an. Das Grundrezept ist jedenfalls denkbar einfach, die Gesamtmenge wird nach Bedarf gewählt:

Beides gut miteinander verrühren.   ⅔ Senf
　　　　　　　　　　　　　　　　　　　　⅓ Bier

Sommersauce

Hier sind nur frische Zutaten drin – für Köche, die etwas mehr Zeit und Muße haben. Damit die Sauce richtig durchziehen und abkühlen kann, sollte sie mindestens einen halben Tag vorher zubereitet werden.

Die Tomaten leicht einritzen und mit kochendem Wasser übergießen (damit sie sich leichter häuten lassen). Dann die Haut abziehen, das wässrige Innere und die Kerne entfernen, das Fruchtfleisch sehr fein würfeln. Die Schalotten schälen und ebenfalls fein würfeln. Das Olivenöl in einem Topf nicht zu stark erhitzen und die Schalotten darin glasig anschwitzen. Die Tomaten und das Bier zugeben. Bei schwacher Hitze ca. 15 Minuten köcheln lassen.
Die Kräuter waschen und trocken tupfen. Blätter und Blüten von Lavendel und Thymian (der auch Blüten haben darf) abzupfen. Zusammen mit Basilikum und Oregano fein hacken oder mit einem Wiegemesser sehr fein schneiden. Die Kräuter in die Sauce rühren, mit Salz abschmecken, kurz aufkochen und im geschlossenen Topf ohne Hitze – oder mit Nachwärme vom E-Herd – ziehen lassen. Nachdem die Sauce abgekühlt ist, noch mindestens 1–2 Stunden in den Kühlschrank stellen.

Die Sauce ist ein Allrounder und passt zu ziemlich allem.

600 g Roma- oder Flaschentomaten
2 Schalotten
1 EL Olivenöl
100 ml Lager
1 Stängel Lavendel (mit Blüten)
1 Zweig Thymian
10 Basilikumblättchen
Blätter von 3–4 Stängeln Oregano
Salz

Knoblaise

Mayonnaise, Senf und Bier verrühren. Den Knoblauch schälen und fein hacken, die Pfefferkörner grob zerstoßen. Den Estragon waschen und trocken tupfen, dann die Blätter abstreifen und klein schneiden. Alles in die Sauce einrühren und mit Salz abschmecken. Im Kühlschrank 1–2 Stunden ziehen lassen.

Passt besonders gut zu Fleisch aller Art.

350 g Mayonnaise
3 EL mittelscharfer Senf
100 ml helles Vollbier
4–5 Knoblauchzehen
1 EL grüne Pfefferkörner
1 Stängel Estragon
Salz

Hopfentraum

Hier bedarf es nicht mehr vieler Gewürze oder Kräuter, damit die Hopfenaromen voll zur Geltung kommen. Und verkocht sollten sie auch nicht werden.

Tomaten und IPA verrühren und mit Salz abschmecken. Nach Belieben auch etwas Zucker hinzufügen, um die Hopfenbitterkeit im Abgang zu mildern.

Passt am besten zu hellem Fleisch (Hähnchen, Fisch), veganem Grillgut und Gemüse.

400 g grob passierte Tomaten (Passata rustica)
100 ml India Pale Ale (IPA), alternativ ein stark gehopftes, sehr herbes Pils
Salz
1 Prise Zucker (nach Belieben)

Warme Saucen

Scharfe Sache

Wir haben im Gartenmarkt aus Versehen zu einer Habanero-Pflanze gegriffen. Von diesen Chilis mit rund 500.000 Scoville-Einheiten auf der Schärfeskala reicht schon eine Schote für das folgende Rezept.
Die meiste Schärfe findet sich im Samenansatz, in den Scheidewänden und erst danach in den Kernen. Je nach Schärfegrad und Schärfewunsch können diese entfernt werden – oder auch nicht.

Die Paprikaschoten waschen, putzen und fein würfeln. Das Olivenöl erhitzen und die Würfel darin anschwitzen. Die Chilis waschen und putzen, dabei je nach Schärfewunsch Scheidewände und Kerne entfernen, dann klein schneiden und im Mörser weiter zerdrücken. Unter die angebratenen Paprikas mischen und die Kräuter dazugeben. Mit dem Bier ablöschen und die Flüssigkeit auf etwa die Hälfte einkochen. Die Tomaten zugeben, mit Salz abschmecken und etwa eine halbe Stunde bei geringer Hitze köcheln lassen.

Schmeckt gut zu Fleischgerichten aller Art.

- je 1 grüne und rote Gemüsepaprika
- 2 EL Olivenöl
- 3–5 Chilischoten
- 1–2 EL getrocknete mediterrane Kräuter, z. B. Oregano oder Thymian
- 100 ml dunkles Bier
- 400 g grob passierte Tomaten (Passata rustica)
- Salz

TIPP
Wenn genügend Zeit ist, können die Paprika schon vorab gegrillt werden. Das gibt noch ein Extra-Grillaroma.

Süßscharfe Sauce

Das Bier sollte hier keine hervorstechende Hopfennote haben. Es sollte einem eingefleischten Pilstrinker auf alle Fälle »zu süß« sein.

Spitzpaprika und Chilis waschen, putzen und sehr fein schneiden. Die Chilis samt Kernen zusätzlich im Mörser zerdrücken. Die Frühlingszwiebeln waschen, putzen, klein schneiden und in zwei Portionen – die zarten weißen und die etwas festeren hell- bis dunkelgrünen Stücke – teilen. Die Ananasstücke abtropfen lassen – die Flüssigkeit dabei auffangen! Die Stücke möglichst klein schneiden bzw. rupfen. Das Bratöl nicht zu stark erhitzen, dann das Sesamöl zugeben. Paprika, Chili und grüne Frühlingszwiebeln darin anbraten. Nach etwa 5 Minuten die Ananas und den Reisessig zugeben, nach weiteren 5 Minuten das Bier und, nach Geschmack (jedoch maximal die gleiche Menge), Ananaswasser angießen. Alles aufkochen und ohne Deckel um ein Drittel bis die Hälfte einkochen (etwa 40–50 Minuten). 5–10 Minuten vor Schluss die weißen Frühlingszwiebeln zugeben und mit Sojasauce abschmecken.

Passt perfekt zu Geflügel, aber auch zu gegrillten Auberginen und Zucchini.

- 1–2 rote Spitzpaprika
- 2–4 rote Chilischoten
- 2–3 Frühlingszwiebeln
- 450 g Ananasstücke (aus der Dose), plus Aufgussflüssigkeit (nach Belieben)
- 2 EL neutrales Bratöl
- 1 EL Sesamöl
- 2 EL Reisessig
- 200 ml Märzen
- 2–3 EL helle Sojasauce

Zwiebelcreme

Die Zwiebeln schälen und in dünne Ringe schneiden. Das Olivenöl in einer Pfanne erhitzen und die Zwiebeln darin anbraten. Das Tomatenmark hinzufügen. Die Salbeiblätter waschen, trocken tupfen, klein schneiden und dazugeben. Sobald die Zwiebelringe glasig werden, den Balsamico dazugießen, kurz darauf das Hefeweizen. Crème fraîche einrühren, mit Pfeffer und Salz würzen und die Sauce kurz aufkochen. Anschließend etwa 10 Minuten bei geringer Hitze köcheln lassen.

Diese Sauce wird am besten warm zu Grillgemüse, Fisch oder hellem Fleisch serviert, lässt sich aber auch kalt genießen.

2 rote Zwiebeln
3 EL Olivenöl
1 EL Tomatenmark
4–5 Salbeiblätter
2 EL Balsamicoessig
100 ml helles Hefeweizen
300 g Crème fraîche
1 TL gemahlener schwarzer Pfeffer
Salz

Butter

Die Butterrezepte haben wir mengenmäßig für 4 Personen ausgelegt. Da sich die verschiedenen Varianten gut einfrieren lassen, schadet es nicht, gleich größere Mengen zuzubereiten.

Knobierbutter

Kein Grillabend ohne Knoblauchbutter. Kein Grillabend ohne Bier. Hier verschmilzt beides.

Die Knoblauchzehen schälen und durch eine Presse drücken. Mit Butter, Bier und Senf verrühren, am besten mit einem Mixgerät. Mit Salz und Pfeffer abschmecken und etwa 15 Minuten ruhen lassen.

Die Butter anschließend in kleine Schälchen füllen oder mithilfe von Frischhaltefolie zu Rollen formen und für mindestens 1 Stunde in den Kühlschrank stellen.

2 Knoblauchzehen
150 g weiche Butter
2 EL dunkles Bier
1 TL milder Senf
Salz
Pfeffer

Estragon-Weizen-butter

Der Minischuss Weizenbier unterstreicht den anisartigen, frischen Geschmack des Estragons.

Die Butter in eine Schüssel geben, leicht salzen und mit dem Handrührgerät schaumig rühren. Die Zitrone heiß waschen und abtrocknen. Mit einer feinen Reibe etwa 1 TL der Schale abreiben. Den Estragon waschen und trocken tupfen, die Blätter von den Stängeln streifen und fein hacken.
Zitronenschale, Estragon und Pfeffer unter die Butter rühren. Zum Schluss das Bier zugeben und so lange weiterrühren, bis eine glatte Masse entstanden ist. Aus der Buttermischung eine Rolle formen, diese erst in Frischhalte-, dann in Alufolie wickeln und für mindestens 5 Stunden in den Kühlschrank legen.
Zum Servieren die Rolle in etwa 1 cm dicke Scheiben schneiden.

Die Butter passt wunderbar zu Hähnchen oder Fisch.

150 g weiche Butter
Salz
1 Bio-Zitrone
4 Stängel Estragon
Pfeffer
1 TL Hefeweizen

TIPP

Die Rolle lässt sich nicht nur besser formen, wenn die Buttermischung auf Frischhaltefolie gelegt wird, die Butter kommt dadurch auch nicht in direkten Kontakt mit der Alufolie.

Rauchige Zwiebelbutter

Wir wählen hier die schnelle Variante mit fertig gekauften Röstzwiebeln.

Die Butter mit dem Bier verrühren, am besten mit dem Handmixer. Zum Schluss die Röstzwiebeln und den Pfeffer unterrühren. Etwa 15 Minuten ruhen lassen.
Die Butter anschließend in kleine Schälchen füllen oder mithilfe von Frischhaltefolie zu Rollen formen und für mindestens 1 Stunde in den Kühlschrank stellen.

150 g weiche Butter
3 EL Rauchbier
4 EL Röstzwiebeln
Pfeffer

TIPP

Die Röstzwiebeln kann man natürlich auch selbst machen. Dazu eine Zwiebel schälen und in Ringe schneiden. Diese in einer Mischung aus 2 EL Mehl und ½ TL Salz panieren und in 100 g Butter in einer Pfanne braten, bis sie braun und knusprig sind. Umrühren nicht vergessen! Wenn sie fertig sind, holt man die Zwiebeln mit dem Schaumlöffel aus der Pfanne und lässt sie auf Küchenpapier abtropfen. Bevor sie in die Butter eingearbeitet werden, müssen sie vollständig abkühlen.

Amuses Grilles

Bierstöckchen

Die bierige kleine Variante des Lagerfeuerklassikers überbrückt die Wartezeit, bis die nächste Wurst fertig ist.

Mehl und Salz in einer Schüssel mischen. Das Bier in einem Topf erhitzen, bis es handwarm ist. Hefe, Honig, Rosmarin und 3 EL Öl in die Mehlmischung geben und mit dem Rührgerät oder den Händen zu einem glatten Teig verkneten.

Die Schüssel abdecken und den Teig an einem warmen Ort 45 Minuten gehen lassen. Dann von Hand auf einer bemehlten Fläche nochmals durchkneten. Den Teig in 8–12 Stücke teilen und kleinfingerdicke Rollen von etwa 10 cm Länge daraus formen.

Die Teigrollen um Metallspieße oder gewässerte Haselzweige wickeln, mit dem restlichen Öl bepinseln und auf dem Grill für 15 Minuten rösten.

Für 4 Personen:

125 g Mehl
2 TL Salz
75 ml Bier
1 Pck. Trockenhefe
1 TL flüssiger Honig
1 TL getrockneter Rosmarin
5 EL Olivenöl
Grillspieße aus Metall, alternativ dünne Haselzweige

TIPP

Stockbrot, das auf dem Grill zubereitet wird, sollte nicht zu dick geformt und nicht zu eng gewickelt werden – dann wird es außen und innen gleichmäßig gar. Fertig ist es, wenn es sich leicht vom Stock löst.

Bier-Crostinis

Als Appetithappen oder Begleiter zu Steak und Grillgemüse.

Die Knoblauchzehen schälen und sehr fein hacken. Mit Öl, Bier, Oregano, Salz und Pfeffer mischen und so lange rühren, bis sich Öl und Bier gut verbunden haben.
Die Baguettescheiben auf beiden Seiten mit der Mischung bestreichen und von jeder Seite ca. 1 Minute grillen.

Für 4 Personen:

2 Knoblauchzehen
80 ml Olivenöl
100 ml Bier
1 TL getrockneter Oregano
Salz
Pfeffer
8 Scheiben Baguette

Ziege plus Bock

… plus Paprika ergibt eine vegetarische Vorspeise.

Die Paprikaschoten waschen, halbieren und putzen. In eine Grillschale legen und mit Öl und 2 EL Bier bestreichen. Etwas Salz darüberstreuen und für ca. 15 Minuten auf den Grill geben.
Den Thymian waschen, trocken schütteln und die Blättchen abzupfen. Den Ziegenkäse in vier Scheiben schneiden. Je eine davon in jede Paprikahälfte legen, Thymian darüberstreuen, pfeffern und mit dem restlichen Bier beträufeln. Die Grillschale kann dabei auf dem Rost bleiben. Alles nochmals 5–6 Minuten grillen.

Für 4 Personen:

2 gelbe Paprikaschoten
2 EL Olivenöl
4 EL Bockbier
Salz
4 Zweige Thymian
1 Ziegenkäserolle (ca. 160 g)
Pfeffer

Bier-Speckdatteln

Die spanische Tapa wird klassisch mit Sherry zubereitet. Das Pils verleiht ihr eine feine Herbe.

Die Datteln der Länge nach einschneiden und die Kerne herauslösen. In jede Dattel eine Mandel setzen. Die Datteln in einen tiefen Teller geben, mit dem Bier beträufeln und 30 Minuten ziehen lassen.
Die Baconscheiben halbieren und jede Dattel mit einer Hälfte umwickeln. Falls nötig, den Bacon mit einem Zahnstocher fixieren.
Die Datteln in eine Grillschale legen und unter mehrfachem Wenden 5 Minuten grillen – oder so lange, bis der Bacon knusprig ist.

Für 4 Personen:

12 getrocknete Datteln
12 blanchierte Mandeln
4 EL Pils
6 Scheiben Bacon
Zahnstocher, bei Bedarf

Grilleroni

Manche mögen's mild, wir nehmen die scharfen Schoten. Schnell zubereitet sind sie in beiden Varianten.

Die Peperoni in ein Sieb abgießen und abtropfen lassen.
Den Knoblauch schälen und fein hacken, dann in einer Schüssel mit Öl und Bier vermischen. Die Peperoni mit dieser Mischung bestreichen und 1 Stunde marinieren.
Die Peperoni anschließend in eine Grillschale geben und etwa 10 Minuten grillen, bis sie Farbe angenommen haben.

Für 4 Personen:

20 eingelegte grüne Peperoni (aus dem Glas, Schärfe nach Geschmack)
4 Knoblauchzehen
2 EL Olivenöl
2 EL Bier

Salate vom Grill

Biermelonensalat

»Die arme Wassermelone«, dachten wir, als uns Bill Anderson aus Philadelphia von diesem Rezept erzählte. Falsch gedacht. Gegrillte Melone schmeckt gut und bringt ihre eigene Salatschüssel mit. Bill hatte übrigens nichts gegen Bier als neue Zutat.

Die Wassermelone halbieren. Die eine Hälfte in rund 1 cm dicke Scheiben schneiden. Öl und Bier vermischen und die Scheiben damit bepinseln, auf einen Teller legen und in den Kühlschrank stellen. Die andere Melonenhälfte aushöhlen (sie wird die Salatschüssel) und ebenfalls kühl stellen.
Den Spinat waschen und trocken schleudern. Den Feta zerkrümeln.
Kurz vor dem Anrichten den Spinat in die Schalenschüssel geben. Die Melonenscheiben von jeder Seite etwa 2 Minuten grillen. Sie sollen warm werden, aber immer noch Biss haben. Vom Grill nehmen, die Schalen ab- und das Fruchtfleisch in 5 cm große Stücke schneiden.
Die gegrillte Melone zum Spinat geben. Olivenöl, Bier, Salz und Pfeffer separat so lange verrühren, bis alles gut vermischt ist, dann unterheben. Zum Schluss den Feta und die Pinienkerne darüberstreuen.

Für 4 Personen:

1 kernlose Miniwassermelone (ca. 1 kg)
½ TL Öl zum Bepinseln
1 TL dunkles Bier zum Bepinseln
400 g frischer Babyspinat
80 g Feta
1 TL Olivenöl
2 TL dunkles Bier
Salz
Pfeffer
40 g Pinienkerne

TIPP

Das Fruchtfleisch der Schüsselhälfte macht sich gut in einer Bowle, wie z. B. der Borretschbowle aus unserem Weinkochbuch.

Rostsalat

Grillen lässt sich jeder Salat, der etwas dickere Blätter und einen festen Kopf hat. Romanasalat eignet sich besonders gut.

Den Salat im Ganzen waschen, trocken schütteln und der Länge nach halbieren. Den Strunk dabei nicht herausschneiden, damit die Hälften nicht auseinanderfallen. Paprikaschoten und Tomaten waschen, putzen und ebenfalls halbieren. Die Schalotten schälen und der Länge nach halbieren.
Die Salathälften und die Schalotten 1-2 Minuten mit der Schnittseite nach unten auf den Grill legen, dann herunternehmen. Die Paprika von jeder Seite 5-6 Minuten, die Kirschtomaten auf einer Grillschale rund 4 Minuten grillen.
Wenn das Grillgemüse abgekühlt ist, die Haut der Paprika abziehen. Paprika und Schalotten in Streifen schneiden. Kristallweizen, Senf und Öl zu einem Dressing verrühren und mit Salz und Pfeffer abschmecken.
Die Salathälften auf vier Teller legen, Paprika, Tomaten und Schalotten darauf verteilen und alles mit dem Dressing übergießen.

Für 4 Personen:

2 Romanasalatherzen
2 rote Spitzpaprika
12 Kirschtomaten
4 Schalotten
4 EL Kristallweizen
1 EL süßer Senf
3 EL Olivenöl
Salz
Pfeffer

Avocadosalat

Die grünen Gesundheitsbomben schmecken auch warm vom Grill. Das Pils gibt ihnen eine herbe Würze.

Die Avocados schälen und halbieren, den Kern entfernen. Die Hälften jeweils mit etwas Öl bepinseln. Die Pinienkerne in einer Pfanne ohne Fett rösten. Die Kirschtomaten waschen und halbieren.
Die Kräuter waschen, trocken schleudern, fein hacken und mit Öl, Pils, etwas Salz und Pfeffer vermischen.
Die Avocadohälften mit der Schnittfläche nach unten auf den Grill legen, bis sie leicht gebräunt sind (dauert je nach Hitze 5–8 Minuten). Die Avocados auf vier Teller anrichten, Tomaten und Pinienkerne darüber verteilen und alles mit dem Kräuterdressing übergießen.

Für 4 Personen:

2 Avocados (nicht zu reif)
etwas Öl zum Bepinseln
2 EL Pinienkerne
12 Kirschtomaten
½ Bund glatte Petersilie
½ Bund Schnittlauch
4 Stängel Basilikum
4 EL Olivenöl
2 EL Pils
Salz
Pfeffer

Rucolasalat mit Pilzen und Parmesan

Die Champignons putzen, halbieren, leicht salzen und mit Olivenöl beträufeln. Auf einer Grillschale etwa 3 Minuten grillen.
Den Rucola waschen, trocken schleudern und grob zerrupfen, die Kirschtomaten waschen und halbieren, den Parmesan in dünne Splitter hobeln. Alles zusammen mit den frisch gegrillten Pilzen in eine Salatschüssel geben. Aus Bier und Balsamicoessig ein Dressing anrühren. Mit Salz und Pfeffer abschmecken und über den Salat geben.

Für 4 Personen:

100 g kleine braune Champignons
Salz
Olivenöl
150 g Rucola
100 g Kirschtomaten
100 g Parmesan
2–3 EL Märzen
1 EL Balsamicoessig
Pfeffer

Romana Blau

Blauschimmelkäse und ein Schuss Bier – so wird der Salat blau.

Die Salatköpfe längs halbieren, die Strünke nicht herauslösen – so fallen die Köpfe beim Grillen nicht auseinander. Dann waschen und mit Küchenpapier trocken tupfen.
Öl, Bier und Worcestersauce gut verrühren und das Dressing mit Salz und Pfeffer abschmecken. Den Roquefort grob zerkrümeln, die Walnüsse grob hacken.
Die Salathälften mit der Schnittfläche nach unten ca. 4 Minuten auf den heißen Grill legen. Dann je zwei Hälften mit der Schnittfläche nach oben auf Tellern anrichten, mit dem Dressing beträufeln und Käse und Walnüsse darüber verteilen.

Für 4 Personen:

4 Romanasalatherzen
2 EL Olivenöl
3 EL dunkles Bier
1 EL Worcestersauce
Salz
Pfeffer
150 g Roquefort oder Gorgonzola
100 g Walnusskerne

Chic-Chic-Chicorée

Unser Lieblingswintersalat ist fürs Grillen prädestiniert, weil er festfleischig ist und durch das Erhitzen ein bisschen was von seiner Bitterkeit verliert. Funktioniert übrigens auch im Sommer.

Den Chicorée im Ganzen waschen, trocken tupfen und der Länge nach halbieren. Den Strunk vorsichtig herausschneiden, dabei darauf achten, dass die Blätter noch zusammenhalten. Die Trauben von den Stielen zupfen, gründlich waschen, trocken tupfen und halbieren. Die Kürbiskerne in einer Schale auf dem Grill ca. 5 Minuten rösten. Anschließend die Kerne herausschütten und abkühlen lassen.
In der Zwischenzeit den Feta zerkrümeln und in einer Tasse mit Joghurt, Bier und 2 EL Öl verrühren. Dabei größere Fetakrümel mit einer Gabel zerdrücken. Das Dressing mit Salz und Pfeffer abschmecken.
Die Schnittfläche der Chicorée-Hälften mit dem restlichen Öl bestreichen und mit der Schnittfläche nach unten ca. 2 Minuten grillen. Anschließend herunternehmen und auf eine Platte legen. Das Dressing darübergießen und den Chicorée mit Weintrauben und Kürbiskernen bestreuen.

Für 4 Personen:

4 Chicorée
200 g kernlose blaue Trauben
100 g Kürbiskerne
100 g Feta
100 g griechischer Joghurt
4 EL Bier
4 EL Olivenöl
Salz
Pfeffer

Fleisch grillen – Basics

Jeder Grill ist individuell. Und wer keinen Hightechgrill sein Eigen nennt, der sich punkt- und gradgenau steuern lässt, weiß, dass sich Garzeiten nicht minutengenau angeben lassen. So hängt bei allen Arten von Grills natürlich viel vom verwendeten Grillgut

ab, beim Holzkohlegrill kommen noch Qualität und Menge der verwendeten Kohle dazu. Besonders beim Fleisch gibt es signifikante Unterschiede. Deshalb ein paar grundlegende Regeln:
Fleisch sollte vor dem Verarbeiten immer gründlich gewaschen und trocken getupft werden.
Nun zur Grundsatz- und Geschmacksfrage: Fleisch vor dem Grillen salzen und pfeffern, oder nicht?
Wir meinen, Salz kann sein, Pfeffer nicht. Salz bringt natürlich Würze, und ohne kommen wir eigentlich bei fast keinem Gericht aus. Es kann dem Fleisch aber auch Flüssigkeit entziehen und es trocken machen. Darum sollte Fleisch erst unmittelbar bevor es auf den Grillrost kommt gesalzen werden. Zu Pfeffer – und anderen Scharfmachern – sagen wir in der Marinade ja. Aber direkt auf dem Fleisch verbrennt er auf dem Grill nur und bringt nichts – zumindest nichts Gutes – für den Geschmack. Lieber am Schluss frisch drübermahlen.
Fleisch sollte natürlich immer im Kühlschrank aufbewahrt werden, auch während des Marinierens, jedoch nie direkt aus dem Kühlschrank auf den heißen Grill gebracht werden. Also: Das Fleisch eine viertel bis halbe Stunde vorher aus dem Kühlschrank nehmen und es – natürlich nicht in praller Sonne – Raumtemperatur annehmen lassen.
Wohin mit dem Fleisch auf dem Grillrost? In der Regel zunächst direkt über die größte Glut. Das gilt vor allem für Steaks, aber zum Beispiel auch für Hähnchen. Nach dem ersten Anbraten von beiden Seiten – das Fleisch sollte dabei nur ein- bis zweimal gewendet werden – kann es dann mehr an den Rand hin verschoben werden, um gut durchzugaren. Das verhindert, dass es außen verkohlt und innen roh bleibt. Bei Schweinefleisch, Burgern oder Fisch darf die Hitze auch während des gesamten Grillvorgangs gleichmäßig auf niedrigerem Niveau bleiben.
Bei Grillspießen setzen wir auf Holz. Allgemein wird empfohlen, diese vorher mindestens eine halbe Stunde zu wässern. Das sorgt zum einen dafür, dass sie nicht so schnell Feuer fangen, zum anderen lässt sich das Grillgut im Anschluss besser abstreifen. Passend zu unseren Rezepten empfehlen wir statt wässern »bieren« – also die Holzspieße vorab in Bier einzulegen. Das verhindert ebenfalls das Verbrennen. Und wir meinen, dass sich auf diese Weise noch ein paar köstliche Bieraromen zusätzlich übertragen lassen.

Schwein

Bierbratwurst

Als Franken haben wir uns gefragt: Wie bringt man die beiden Grillklassiker Bratwurst und Bier zusammen? Ein Metzger aus Pegnitz hat es geschafft, Bratwürste mit einem Biergehalt von 20–25 % herzustellen, aber das Verfahren ist offenbar technisch sehr aufwendig und wird auch nicht verraten. Darum bedienen wir uns anderer Methoden, um Bier und Brät zu vereinen.
Eine Möglichkeit lautet: Köfte! Sie nehmen wunderbare Röstaromen beim Grillen an. Denn die türkische Bratwurst braucht keinen Darm, der das Fleisch von weiteren Zutaten und der Grillhitze trennt.

Drei Versionen bieten sich an:
1. das, was man bei fränkischen Metzgern als Bratwurstgehäck bekommt (Fränkische Köfte, s. S. 57),
2. der orientalische Klassiker aus Lamm-, Kalbs- oder Rinderhack (Besoffenes Schaf, s. S. 83), oder
3. die vegane Variante aus Sojaschnetzeln (s. S. 131).

Fränkische Köfte (Bratwurst am Stiel)

Das Bratwurstgehäck mit Meerrettich, Gewürzen und Bier gut verkneten. Die Masse auf einer bemehlten Fläche ausrollen und etwa 2 cm dicke Würste daraus formen, die etwas kürzer als die Grillspieße sein sollten. Die Spieße längs so hineinstecken, dass sie am Ende noch gut zu greifen sind. Die Köfte rundherum grillen.

Ergibt ca. 6–8 Spieße:

500 g Bratwurstgehäck
5 TL Meerrettich
2 TL getrockneter Majoran
1 TL gemahlener Kümmel
3–4 TL Salz
80 ml Kellerbier (Zwickel)
2–3 EL Mehl zum Arbeiten
Grillspieße aus Holz

Feurige Frikadellen

Falls wir vergessen haben, es zu erwähnen: Wir mögen's scharf.

Die Chilis zermahlen und mit 2 EL vom Bier und dem Senf gut verrühren. Das Brötchen fein zerrupfen und mit dem restlichen Bier übergießen. Den Knoblauch schälen und klein schneiden. Alles zusammen mit etwas Salz zum Hackfleisch geben, vermengen und gut durchkneten.
Aus dem Fleischteig 8 flache runde Frikadellen formen. Wenn die Masse zu feucht ist, noch ein paar Semmelbrösel einkneten.
Die Frikadellen von beiden Seiten etwa 10 Minuten grillen, bis das Fleisch durchgegart ist.

Ergibt 8 Frikadellen:

2–3 getrocknete Chilischoten
150 ml dunkles Landbier
2 EL scharfer Senf
1 trockenes Brötchen vom Vortag
1 Knoblauchzehe
Salz
400 g gemischtes Hackfleisch
Semmelbrösel, bei Bedarf

Bierbuletten im Meterbrot

Grillzeit ist oft Partyzeit. Ideale Partyhappen lassen sich aus belegtem Meterbrot schneiden.

Für die Buletten das Bier in eine Schüssel gießen. Die Brötchen zerrupfen und dazugeben. Die Zwiebel schälen und klein schneiden, mit Ei und Hackfleisch in die Schüssel geben, dann salzen und pfeffern. Alles gut vermengen. Mit bemehlten Händen 8–10 flache runde Buletten formen.
Für den Belag die rote Zwiebel schälen und in Ringe schneiden. Die Tomaten waschen und in Scheiben schneiden, dabei den Stielansatz entfernen. Die Salatblätter waschen und trocken schleudern.
Die Buletten von beiden Seiten etwa 10 Minuten grillen.
Inzwischen das Brot längs halbieren. Die Unterseite mit Salatblättern und Zwiebelringen belegen.
Die gut durchgegarten Buletten frisch vom Grill auf die Salatblätter legen. Mit einer der Saucen bestreichen und mit Tomatenscheiben belegen. Die Oberseite des Brotes darauflegen und andrücken – und dann das Brot in die gewünschten Portionsgrößen teilen.

Für die Buletten (ergibt 8–10 Stück):
200 ml Export
2 trockene Brötchen vom Vortag
1 Zwiebel
1 Ei
500 g gemischtes Hackfleisch
Salz
Pfeffer
1–2 EL Mehl zum Arbeiten

Für den Belag:
1 große rote Zwiebel
3–4 feste Tomaten
10–12 Blätter vom Kopf- oder Eichblattsalat
2–3 EL Biersenf (s. S. 25) oder Knoblaise (s. S. 27)

Außerdem:
1 Meterbrot (Stangenweißbrot, am besten Pane rustico)

Kakao-Koteletts

Die Koteletts am besten schon am Vortag waschen, trocken tupfen und in Bier einlegen, dann über Nacht im Kühlschrank marinieren. Wenn sie nicht ganz bedeckt sind, mehrmals wenden.

Das Kakaopulver mit 80 ml vom Marinadebier, etwas Salz, Chilipulver und Öl klümpchenfrei verrühren. (Den Rest vom Bier wegschütten oder bei nächster Gelegenheit eine Sauce oder Suppe damit kochen.) Die Kakaomasse sollte so zähflüssig sein, dass sie am Fleisch haften bleibt.

Die Koteletts gleichmäßig auf beiden Seiten mit der Kakaomasse bestreichen, dann von beiden Seiten je 3-4 Minuten grillen. Der Bierkakao sollte eine feste Kruste bilden. Das Fleisch danach bei indirekter Hitze weitere 3-4 Minuten garen, anschließend abgedeckt 3-4 Minuten ruhen lassen.

Für 4 Personen:

4 große Nackenkoteletts
300-400 ml dunkles Bier
20 g Kakaopulver
Salz
1 Msp. Chilipulver oder Chiliflocken
1 TL Sonnenblumenöl

TIPP

Kakao hinterlässt Spuren. Am besten eine Bürste für den Grillrost und ein feuchtes Tuch bereithalten.

Weißbiersenf-Koteletts

Die Koteletts waschen und trocken tupfen. Senf und Bier gut verrühren. Das Fleisch damit rundum einstreichen und mehrere Stunden im Kühlschrank marinieren.
Die Koteletts salzen und bei direkter Hitze von jeder Seite 3-4 Minuten grillen, danach bei indirekter Hitze nochmals 3-4 Minuten garen und schließlich zugedeckt 5-7 Minuten ruhen lassen.

Für 4 Personen:

4 Nackenkoteletts
4 EL süßer Senf
4 EL helles Hefeweizen
Salz

TIPP

Das Fleisch am Rand leicht vom Knochen lösen, dann wölbt es sich nicht so stark.

Märzenfrische Medaillons

Das Filet waschen, trocken tupfen und den überschüssigen Fettrand entfernen. Das Fleisch in 3-4 cm dicke Scheiben (Medaillons) schneiden. Zwiebeln und Knoblauch schälen und klein schneiden, den Thymian waschen und trocken schütteln.
Aus Bier, Crème fraîche, Senf und Salz eine Marinade anrühren. Zwiebeln, Knoblauch und Thymianzweige dazugeben. Die Schweinemedaillons leicht flachdrücken und in die Marinade legen, dann für 6-8 Stunden in den Kühlschrank stellen.
Die Medaillons aus der Marinade nehmen und leicht abtropfen lassen. Die Marinade (auf dem Herd oder in einem feuerfesten Topf auf dem Grill) zu einer Sauce einkochen. Zum Schluss die Thymianzweige entfernen. Die Medaillons 8-10 Minuten grillen, dabei 2-3-mal wenden, dann mit der Sauce servieren.
Dazu passen am besten in der Glut gegarte Folienkartoffeln und ein bunter Salat.

Für 4 Personen:

1 Schweinefilet (Lende, 600-700 g)
1-2 Zwiebeln
3-4 Knoblauchzehen
2-3 Zweige Thymian
200 ml Märzen
150 g Crème fraîche
2-3 EL mittelscharfer Senf
1-2 TL Salz

Süßscharf gefüllte Lende

Das Fleisch waschen, trocken tupfen und überschüssiges Fett abschneiden, dann das Filet längs ungefähr bis zur Hälfte aufschneiden (nicht durchschneiden!).
Die Aprikosen in einer kleinen Schale in etwa 100 ml Bier einweichen. Den Rest vom Bier in eine größere Schüssel geben und das Schweinefilet darin einlegen. Beides für 24 Stunden in den Kühlschrank stellen.
Die Jalapeños waschen, putzen und in dünne Ringe schneiden, dabei die Kerne entfernen (wer's ganz scharf haben will, lässt die Scheidewände drin). Fleisch und Aprikosen aus dem Bier nehmen. Das Filet aufklappen, die Innenseiten leicht salzen. Aprikosen und Jalapeños hineinfüllen und das Fleisch wieder zuklappen. (Falls nötig mit gewässerten Zahnstochern fixieren.) Die Außenseite leicht salzen und mit Öl bestreichen.
Das Filet nicht auf der heißesten Glut, sondern eher indirekt – dafür unbedingt mit geschlossenem Deckel – 25–30 Minuten grillen, dabei 1-2-mal wenden. Wenn das Filet durchgegart ist, das Fleisch mit Bier (von der Marinade oder frisch) bestreichen und 5 Minuten abgedeckt ruhen lassen. Die Lende in Scheiben schneiden und servieren.

Für 4 Personen:

1 Schweinefilet (Lende, 600–700 g)
100 g getrocknete Aprikosen
400 ml Märzen oder Export
5–6 Jalapeños
Salz
2–3 EL Olivenöl
Zahnstocher zum Fixieren, bei Bedarf

Lagerfeuerschaschlik

Mit Lagerbier und feurig scharf.

Das Fleisch waschen und trocken tupfen, dann in 3–4 cm große Würfel schneiden, dabei das Fett dranlassen. In eine Schüssel geben. Bier und Paprikapulver gut verrühren und über das Fleisch gießen. Durchmischen, bis die Marinade gleichmäßig verteilt ist. Einige Stunden im Kühlschrank durchziehen lassen, währenddessen das Fleisch mehrmals wenden.

Die Zwiebeln schälen und vierteln, die Peperoni waschen, trocken tupfen und den Stiel abschneiden. Kerne und Trennwände gerne drinlassen – es darf scharf werden. Dann in ca. 3 cm lange Stücke schneiden.

Das Fleisch aus der Marinade nehmen und abwechselnd mit Zwiebeln und Peperoni auf Grillspieße stecken. Etwa 10–15 Minuten grillen, dabei mehrmals wenden.

Für 4 Personen:

800 g Schweinefleisch (aus dem Nacken)
200 ml Lager
2–3 EL rosenscharfes Paprikapulver
3–4 Zwiebeln
5–6 Peperoni (am besten bunt: rot, grün und gelb)
Grillspieße aus Holz

Currywurst

Currywurst wird ja normalerweise frittiert. Es geht aber auch gegrillt – und mit Bier! Dazu bietet sich eine Rote an, eine Bratwurst, die vor allem in Schwaben und Baden verbreitet ist. Die Kunst beim Grillen ist, die Würste so anzuritzen, dass sie die Röstaromen annehmen, aber nicht unkontrolliert aufplatzen. Bei unserer Methode erübrigt sich das.

Die Bratwürste in 1–2 cm dicke Scheiben schneiden. Die Stücke in einer Schüssel mit dem Bier übergießen und mehrere Stunden im Kühlschrank marinieren. Dabei immer wieder durchmischen, damit sie gleichmäßig mit dem Bier in Berührung kommen.
Die Bratwurstscheiben dann – mit kleinem Abstand – auf die Grillspieße stecken und für 5–10 Minuten (je nach Dicke der Wurst) auf den Rost legen. Das Marinadebier mit Currypulver und Ketchup verrühren. Die gegrillten Würste vom Spieß auf Teller streifen und das Biercurryketchup darübergeben.
Am besten passen Brötchen dazu.

Ergibt 4 Spieße:

6 rote Bratwürste
100 ml Export
2–3 EL Currypulver
300 g Tomatenketchup
Grillspieße aus Holz

TIPP

Wem das zu wurstlastig ist, und wer auch gerne noch eine Gemüsebeilage möchte, der kann z. B. Paprikastücke oder Knoblauchzehen zwischen die Wurstscheiben auf die Grillspieße stecken.

Bratwurst-Schaschlik

Die Bratwürste in 4–5 cm lange Stücke schneiden. Die Zwiebeln schälen und den Wurzelansatz abschneiden. Das Bier gut mit dem Senf verrühren. Bei schwach gewürzten Bratwürsten den Majoran zugeben, bei stark gewürzten kann darauf verzichtet werden.
Wurst und Zwiebeln in eine Schale legen, mit dem Senfbier übergießen und mehrere Stunden im Kühlschrank marinieren.
Die Tomaten waschen. Wurststücke und Zwiebeln aus der Marinade nehmen und abwechselnd mit den Tomaten auf die Grillspieße stecken. Auf dem Rost unter mehrfachem Wenden so lange grillen, bis die Bratwürste durch sind.

Für 4 Personen:

4–6 dicke Bratwürste (3–3 ½ cm Ø)
12–20 Perlzwiebeln oder kleine Schalotten
200 ml helles Bier
2–3 EL mittelscharfer Senf
2 TL Majoran, bei Bedarf
12–20 Kirschtomaten
Grillspieße aus Holz

TIPP

Wer sein Schaschlik mit Sauce mag, dem empfehlen wir unsere Schnelle Schwarzbier- (s. S. 21) oder Currysauce (s. S. 21).

Bratwurstsalat mit Biernen

Es soll ja tatsächlich vorkommen, dass man mehr Bratwürste gekauft hat, als die Gäste konsumieren. Besser, als sie zurück in den Kühlschrank zu legen oder einzufrieren, ist es, sie trotzdem gleich zu grillen. Denn daraus lassen sich auch am Tag danach noch feine Grillspeisen zubereiten, wie unseren Bratwurstsalat. Bratwürste gibt es in den unterschiedlichsten Größen – von den fingerlangen und -dicken Nürnbergern bis zur unterfränkischen Meterware und den 3 cm dicken Thüringer Röstern. Für das Rezept gehen wir von mittelgroßen, 15–20 cm langen und 1 ½ cm dicken Würsten aus.

Die Bratwürste in etwa 1 cm dicke Scheiben schneiden. Die Birnen waschen, vierteln und ebenfalls in 1 cm große Stücke schneiden, dabei die Kerngehäuse entfernen. Die Radieschen waschen, putzen und in dünne Scheiben schneiden.
Öl, Bier, Salz und Pfeffer miteinander verrühren und über die Salatzutaten gießen. Alles vermengen und etwa 30 Minuten im Kühlschrank ziehen lassen.
Am besten passen dazu Brezeln.

Für 4 Personen:

5 gegrillte Bratwürste
2–3 feste Birnen
1 Bund Radieschen
2 EL Sonnenblumenöl
3 EL helles Bier
Salz
Pfeffer

Beer-Moinks

Im Englischen sagen die Kühe »Moo« und die Schweine »Oink«. Bei diesen Fleischbällchen werden beide vereint, daher der Name dieses amerikanischen Grillklassikers, der normalerweise mit gekaufter BBQ-Sauce zubereitet wird. Wir verwenden unsere eigene bierige Mischung.

Bier, Honig, Sojasauce, Chiliflocken und Salz in einer kleinen Schüssel verrühren, bis sich der Honig gut aufgelöst hat. 2 EL davon mit dem Hackfleisch vermischen.
Aus dem Hackfleisch 20 kleine Klopse formen. Um jeden von ihnen einen Streifen Bacon wickeln und diesen mit einem Zahnstocher fixieren. Die Moinks indirekt bei geschlossenem Deckel etwa 35 Minuten grillen, bis der Bacon kross ist.
Anschließend vom Grill nehmen und jedes Moink einmal komplett in die Biermischung tauchen. Danach wieder auf den Grill legen und nochmals 20 Minuten bei geschlossenem Deckel garen.
Dazu passt die Schnelle Schwarzbiersauce (s. S. 21) oder das Bierketchup (s. S. 25).

Für 4 Personen (ergibt 20 Moinks):

200 ml dunkles Bier
6 EL flüssiger Honig
2 EL Sojasauce
1 EL Chiliflocken
Salz
750 g Rinderhack
20 Streifen Bacon
Zahnstocher zum Fixieren

Rind

Bockburger

Das Hackfleisch mit Bier, Pfeffer und Salz vermengen und kräftig durchkneten. Dabei sollte die Masse gut abbinden. Wenn nicht, etwas trockenes Weißbrot hineinbröseln. 4 große, flache Burgerpattys formen.

Die Salatblätter waschen und trocken schleudern, die Zwiebel schälen und in Ringe, die Tomate waschen und in Scheiben schneiden.

Die Fleischpattys von beiden Seiten 5–8 Minuten grillen. Die Brötchen aufschneiden und mit der Schnittseite nach unten am Rand des Grills leicht anrösten. Dann die untere Hälfte der Brötchen mit Biersenf oder -ketchup bestreichen und mit Salatblättern, Zwiebelringen und dem Fleisch belegen. Zum Schluss Tomatenscheiben und die obere Brötchenhälfte darauflegen und leicht andrücken.

Für 4 Burger:

400 g Rinderhackfleisch
100 ml dunkler Doppelbock
1 TL gemahlener schwarzer Pfeffer
1 TL Salz
1 Scheibe trockenes Weißbrot, bei Bedarf
4 Salatblätter
½ Gemüsezwiebel
1 Fleischtomate
4 große Burger- oder Ciabattabrötchen
2 EL Biersenf (s. S. 25) oder Bierketchup (s. S. 25)

B&B-Stripes

Beef and Beer: ein harmonisches Paar – auch auf dem Grill.

Das Roastbeef waschen und trocken tupfen, dann in vier etwa 2–2 ½ cm dicke Scheiben schneiden und gut mit Öl einreiben. Auf direkter starker Hitze – möglichst bei geschlossenem Deckel – grillen. (Richtwert für medium: nach 4–6 Minuten wenden, dann weitere 2–4 Minuten garen.) Anschließend das Fleisch in Folie wickeln und mindestens 10 Minuten ruhen lassen.

Inzwischen die Kirschtomaten waschen und halbieren. Die Paprikaschote waschen, putzen, entkernen und in lange, dünne Streifen schneiden. Falls keine selbstgemachten B&B-Zwiebeln vorhanden sind, die Zwiebeln aus dem Glas abgießen, abtropfen lassen und mit Balsamico und Bier vermischen.

Die Steaks in dünne Streifen schneiden, mit Tomatenhälften und Paprika auf Teller verteilen und die Zwiebeln samt Flüssigkeit darübergeben. Nach Belieben mit Salz und Pfeffer würzen.

Dazu passen am besten Weißbrot und ein bunter Salat.

Für 4 Personen:

1 kg Roastbeef
2–3 EL Olivenöl
250 g Kirschtomaten
1 orangefarbene oder gelbe Paprikaschote
200 g B&B-Zwiebeln (s. S. 137)
alternativ
200 g eingelegte Zwiebeln (Cipolle borretane oder süßsaure Perlzwiebeln aus dem Glas)
4 EL Balsamicoessig
100 ml dunkles Bier
Salz und Pfeffer (nach Belieben)

Porterhousesteak pur

Das Porterhouse ist der dicke Bruder vom T-Bone-Steak. Beide werden – mit Knochen – aus dem flachen Roastbeef geschnitten. Eine Geschichte besagt, dass sich der Name von Gasthäusern ableitet, in denen die Biersorte Porter ausgeschenkt wurde. Wir widmen uns dieser Variante in Reinform. Ach ja: Es soll Leute geben, die der Meinung sind, dass ein Mensch allein so ein Porterhousesteak bezwingen kann. Kann schon sein. Wir sind der Meinung, es reicht auch für zwei. Hier der Kompromiss:

Die Steaks waschen und gut trocken tupfen. Anschließend in 750–900 ml Porter mindestens 2 Tage lang im Kühlschrank marinieren. Sollten die Steaks nicht ganz mit Bier bedeckt sein, mehrmals wenden.
Mit dem restlichen Bier am Tag des Grillens je nach Geschmack eine Porter-Creme (s. S. 24), eine Schnelle Schwarzbiersauce (s. S. 21) oder eine Knobierbutter (s. S. 32) herstellen.
Die Steaks aus der Marinade nehmen und gut abtupfen. Bei starker direkter Hitze 8–12 Minuten grillen, möglichst bei geschlossenem Deckel, dabei 2–3-mal wenden. Erst dann salzen und pfeffern. Die Steaks vor dem Verzehr abgedeckt 5–10 Minuten ruhen lassen.

Für 6 (bzw. 4–8) Personen:

4 Porterhousesteaks
 (à 700 g, ca. 3 ½–
 4 ½ cm dick)
1 l Porter
Salz
schwarzer Pfeffer

Asiasteaks

Sojasauce und Bier sind durch einen ähnlichen Brauprozess miteinander verwandt. Wir finden, sie passen auch gut zusammen – vor allem in asiatisch angehauchten Marinaden.

Die Steaks waschen, trocken tupfen und überschüssige Fettränder entfernen. Zunächst mit Sesamöl, dann mit Sambal Oelek bestreichen. Aus Bier, Sojasauce und Zucker eine Marinade anrühren und die Steaks für 8–12 Stunden darin einlegen.
Die Frühlingszwiebeln waschen, trocken tupfen und putzen, den Ingwer schälen. Rund die Hälfte der Marinade in ein feuerfestes Töpfchen gießen und auf dem aufheizenden Grill zu einer Sauce einkochen.
Die Steaks aus der restlichen Marinade nehmen, etwas abtropfen lassen und dann bei starker Hitze von jeder Seite 5–6 Minuten grillen. Herunternehmen und 5–10 Minuten abgedeckt ruhen lassen. Inzwischen die Zwiebeln in feine Ringe schneiden, den Ingwer fein raspeln oder sehr klein schneiden.
Zum Servieren die eingekochte Sauce über die Steaks gießen und Frühlingszwiebeln und Ingwer darüberstreuen.

Für 4 Personen:

4 Rib-Eye-Steaks
4 EL Sesamöl
4 EL Sambal Oelek
200 ml Schwarzbier
100 ml Sojasauce
1–2 EL brauner Zucker
2–3 Frühlingszwiebeln
1 walnussgroßes Stück
   frischer Ingwer

Roastbeef-Brötchen

Für 4 Personen:

4 dünne Scheiben Roastbeef (ca. 1 ½–2 cm dick)
Hauptsache Knoblauch (Marinade, s. S. 18)
4 Blätter Romanasalat
1 Fleischtomate
4 große Ciabatta-Brötchen

Die Roastbeefscheiben waschen und gut trocken tupfen, dann in die Marinade einlegen und mehrere Stunden (am besten über Nacht) im Kühlschrank ziehen lassen.

Das Fleisch aus der Marinade nehmen und trocken tupfen. Dabei darauf achten, dass keine Knoblauchstücke mehr am Fleisch hängen, da diese auf dem Grill verbrennen würden. Die Marinade in eine feuerfeste Form füllen und auf dem aufheizenden Grill (oder Herd) um etwa die Hälfte einkochen lassen.

Die Salatblätter waschen und trocken schleudern, die Tomate waschen, putzen und in dünne Scheiben schneiden, dabei den Strunk entfernen.

Wenn der Grill voll aufgeheizt ist, das Roastbeef auf direkter Hitze von jeder Seite nur etwa 2 Minuten grillen, dann herunternehmen und abgedeckt ruhen lassen.

Die Ciabatta-Brötchen aufschneiden. Die Schnittseiten auf dem Grill kurz anrösten, dann die unteren Hälften mit den Salatblättern belegen. Die Steaks darauflegen und nach Geschmack mit Sauce aus der eingekochten Marinade bestreichen. Mit Tomatenscheiben und Brötchendeckel abschließen.

Bock&Chili-T-Bone-Steak

Die Steaks waschen, gut trocken tupfen und für 3-4 Stunden im Bier einlegen.

Die Tomaten schälen (am besten vorher mit kochendem Wasser übergießen), entkernen und das Fruchtfleisch fein hacken. Die Chilischoten waschen, putzen und sehr klein schneiden. Die meiste Schärfe befindet sich übrigens nicht in den Kernen, sondern in Stielansatz und Scheidewänden. Jeder kann also selbst entscheiden, wie scharf es werden soll.

Eine feuerfeste Form auf den Grill stellen. Olivenöl und Chilistückchen hineingeben, dann das Tomatenfruchtfleisch und das Salz. So viel vom Marinadebier einrühren, dass die Sauce nicht zu dünnflüssig wird. Die Sauce vom Grill nehmen oder an den Rand stellen.

Die Steaks gut trocken tupfen und auf starker direkter Hitze 8-10 Minuten grillen, dabei 2-3-mal wenden.

Das Fleisch vor dem Verzehr mehrere Minuten abgedeckt ruhen lassen, dann mit der Sauce servieren.

Wir empfehlen Brot und einen bunten Blattsalat dazu.

Für 4 Personen:

4 T-Bone-Steaks (à 400-500 g, ca. 2 ½-3 cm dick)
400 ml helles Bockbier
600 g reife, feste Tomaten, alternativ 400 g Tomatenfruchtfleisch (aus der Dose)
4-8 Chilischoten (je nach Schärfegrad)
1 EL Olivenöl
1 TL Salz

Schaf

Besoffenes Schaf

Hier nun die zweite Version der bierigen Köfte, diesmal mit Lammfleisch.

Das Brötchen im Bier einlegen und darin wenden, bis es möglichst alle Flüssigkeit aufgenommen hat. Anschließend leicht ausdrücken (dabei die Flüssigkeit auffangen) und fein zerrupfen. Mit dem Fleisch und den Gewürzen gut vermengen. Vom abgetropften Bier noch so viel zugeben, bis die Masse bindet.
Aus dem Gemisch etwa 2 cm dicke Würste formen und auf Grillspieße stecken. Die Würste über heißer Glut von allen Seiten ca. 2 Minuten braten.
Wir empfehlen dazu unsere Knoblaise (s. S. 27) oder die Schnelle Currysauce (s. S. 21).

Für 4 Personen:
1 trockenes Brötchen vom Vortag
100 ml helles Bockbier
500 g frisch gehacktes Lammfleisch
1 TL Oregano
1 TL Knoblauchpulver
1 TL Salz
Grillspieße aus Holz

Lammkoteletts

Die Lammkoteletts waschen, trocken tupfen und die Fettränder abschneiden. Den Rosmarin waschen, trocken schütteln und die Nadeln abzupfen. Den Knoblauch schälen. Rosmarinnadeln und Knoblauch fein hacken, mit Salz und Pfeffer bestreuen und mit Olivenöl verrühren. Das Bier in eine flache Schüssel gießen, die Rosmarin-Knoblauch-Mischung einrühren und die Koteletts darin einlegen. Für mehrere Stunden im Kühlschrank marinieren. Wenn das Fleisch nicht ganz bedeckt ist, ab und zu wenden.

Die Koteletts aus der Marinade nehmen, abtropfen lassen und auf den heißen Grill legen. Die Oberseite mit etwas Marinade bestreichen, nach 2-3 Minuten wenden und auch die andere Seite bestreichen. Nach 2-3 Minuten erneut wenden. Insgesamt brauchen die Koteletts auf jeder Seite ca. 5-7 Minuten.

Für 4 Personen:

6-8 Lammkoteletts (je nach Größe)
1 Zweig Rosmarin
3 Knoblauchzehen
1 TL Salz
1 TL frisch gemahlener bunter Pfeffer
3 EL Olivenöl
250 ml helles Vollbier

TIPP

Dazu passt am besten Knoblauchbrot. Wir schlagen vor, Weißbrotscheiben einmal komplett in die Rosmarin-Knoblauch-Marinade zu tunken und sie dann am Rande des Grills von jeder Seite 1-2 Minuten anzurösten.

Lammspieße

Für dieses Gericht haben wir uns von den köstlichen Spießen, die unser Stammtürke auftischt, inspirieren lassen.

Das Lammfleisch waschen, mit Küchenpapier trocken tupfen und in etwa 3 cm große Würfel schneiden. Den Knoblauch schälen. Die Paprikaschote waschen, halbieren, putzen und in mundgerechte Stücke schneiden. Fleisch, Knoblauch und Paprika abwechselnd auf Grillspieße stecken.
Aus Joghurt, Bier und Gewürzen eine Marinade anrühren. In eine flache Schüssel geben und die Spieße darin einlegen. Mehrere Stunden (oder auch einen Tag) im Kühlschrank marinieren, die Spieße dabei mehrmals wenden.
Die Spieße aus der Marinade nehmen und etwas abtropfen lassen. Unter mehrfachem Wenden 10-15 Minuten grillen.
Die Sommersauce (s. S. 26) passt gut dazu.

Für 4 Personen:

800 g Lammfleisch (aus der Keule)
15-20 Knoblauchzehen (nach Belieben)
1 große rote Paprikaschote
200 g Joghurt
100 ml Schwarzbier
1 TL gemahlener Kreuzkümmel (Cumin)
1 TL Pul Biber (türkisches Chiligewürz)
Grillspieße aus Holz

Geflügel

Chocolate-Chicken-Chips

Eine pikante Knabberei.

Die Hähnchenflügel waschen und trocken tupfen, wenn nötig die Flügelspitzen abschneiden. Dann die Chickenwings in einer Schale gleichmäßig salzen und mit Öl bestreichen, dabei öfters wenden.
Aus Kakaopulver und Bier eine Sauce anrühren. Die Flügel für 10–15 Minuten auf den Grillrost legen (bis die Haut knusprig ist). Dann herunternehmen, in die Schokoladensauce tunken und für weitere 5–7 Minuten auf den Grill zurücklegen.

Für 4 Personen:

ca. 20 Chickenwings
Salz
3–4 EL Olivenöl
20 g Kakaopulver
100 ml helles
    Lager oder
    Export

Honigbier-Hähnchen

Nein, hier geht es nicht um Met. Das Bier im Honig macht's.

Die Hähnchenfilets gut waschen und trocken tupfen. Blutige Stellen und Fettränder abschneiden.
Honig, Bier, Paprikapulver und Salz gut verrühren. Das Fleisch rundum damit bestreichen und 2-3 Stunden im Kühlschrank marinieren lassen.
Die Filets von jeder Seite 2-3 Minuten bei starker, direkter Hitze grillen, dann indirekt bei geschlossenem Deckel in 12-15 Minuten fertig garen.

Für 4 Personen:

4 Hähnchenbrustfilets (à 200-250 g)
4 EL Honig
5 EL Märzen oder Export
1 EL rosenscharfes Paprikapulver
1 TL Salz

TIPP

Zum Grillen sind kleinere Filets geeigneter, da sie schneller durchgaren – was bei Hähnchen sehr wichtig ist. Wenn man sie vor dem Marinieren sanft, aber kräftig platt drückt, verkürzt das die Garzeit weiter.

Erdnusshähnchen

Die Dickers-Schwester Christine hat uns mit ihren thailändischen Saté-Spießen auf diese nussige Grillidee gebracht.

Die Hähnchenbrustfilets säubern, waschen, trocken tupfen und in ca. 2 cm breite Streifen schneiden. Das Erdnussmus in einem kleinen Topf erwärmen, bis es leicht flüssig wird. Von der Hitze nehmen und mit Kokosmilch, Bier und Gewürzen gut verrühren. Den Ingwer schälen und mit einer feinen Reibe hineinreiben. Wenn das Erdnussmus ungesalzen ist, noch ein wenig Salz unterrühren.
Die Marinade in eine flache Schüssel geben. Das Hähnchenfleisch mit der schmalen Seite auf die Spieße stecken, damit es möglichst flach liegt und auf dem Grill schnell durchgart. Die Spieße in die Marinade legen und für 2 Stunden in den Kühlschrank stellen. 10-15 Minuten vor dem Grillen wieder aus dem Kühlschrank nehmen und Zimmertemperatur annehmen lassen. Die Spieße ca. 1-2 Minuten grillen, dabei mehrmals wenden.

Für 4 Personen:

500-600 g Hähnchenbrustfilet
2-3 EL Erdnussmus (aus dem Glas)
100 ml Kokosmilch
100 ml Porter oder malzbetontes dunkles Bockbier
1 TL gemahlener Koriander
1 TL gemahlener Kreuzkümmel (Cumin)
1 walnussgroßes Stück frischer Ingwer
Salz, bei Bedarf
Grillspieße aus Holz

TIPP

Aus der überschüssigen Marinade kann nebenher im feuerfesten Topf zusätzlich eine Saté-Sauce gekocht werden.

Bierhintern-Hähnchen

Wir wollten nicht ganz so derb sein wie die Amerikaner. Die nennen ein Huhn, das auf einer Bierdose gegrillt wird, »beer butt chicken«. Auf das Wort mit A verzichten wir ebenso wie auf die Dose. Stattdessen führen wir dem Grillhähnchen ein gespültes, kleines Einmachglas (ca. 2-3 cm Ø, 6-10 cm Höhe) ein – das ist frei von Druckfarben und nicht zu hoch für den Grilldeckel.

Das Hähnchen waschen und trocken tupfen. Knoblauch und Zwiebel schälen und fein hacken. Zusammen mit den anderen Zutaten für die Marinade in einer großen Schüssel vermischen. Das Hähnchen hineinlegen und mehrfach wenden, sodass es rundum mit der Flüssigkeit in Kontakt kommt. Die Schüssel abdecken und für 24 Stunden in den Kühlschrank stellen, dabei das Hähnchen ab und zu wenden.

Am nächsten Tag alle Zutaten für die Einreibmischung miteinander vermengen. Das Hähnchen aus der Marinade nehmen und mit Küchenpapier trocken tupfen. Dann von allen Seiten mit der Gewürzmischung einreiben.

Das Einmachglas mit Bier füllen und das Hähnchen daraufsetzen. Zusammen auf eine Grillschale und dann auf den Rost stellen. Bei geschlossenem Deckel 60-75 Minuten garen.

Für 4 Personen:

1 kleines küchenfertiges Hähnchen (ca. 1,2 kg)

Für die Marinade:
2 Knoblauchzehen
1 kleine Zwiebel
3 Lorbeerblätter
1 EL getrockneter Oregano
3 EL Sojasauce
¾ l Bier
3 EL Salz
1 EL Pfeffer
2 EL Zucker

Für die Einreibmischung:
1 TL Cayennepfeffer
1 TL getrockneter Thymian
1 TL getrockneter Rosmarin
2 TL edelsüßes Paprikapulver
1 EL Zucker
1 TL Salz
1 TL Pfeffer

Für das Glas im Hähnchen-Hintern:
1 kleines Einmachglas (so groß, dass es leicht ins Hähnchen gesteckt werden kann)
150 ml Bier

TIPP

Ein Grillthermometer ist hier hilfreich. Die Temperatursonde in die dickste Stelle des Hähnchens stechen (meist die Brust). Wenn das Thermometer 72 °C anzeigt, ist das Hähnchen gar. Alternativ mit einem scharfen Messer hineinstechen. Wenn der austretende Fleischsaft hell und klar ist, ist das Hähnchen gar.

Accessoires – Die Fünf von der Grillstelle

Mit dem Grillen ist es wie mit dem Radfahren. Wer mag, kann viel Geld für allerlei Zubehör ausgeben. Wie Sie es beim Radeln machen, ist uns egal. Fürs Grillen haben wir unsere Top Five der wirklich wichtigen Accessoires zusammengestellt:

1. Eine Grillzange. Sie sollte lang genug sein – das schützt die Finger vor Verbrennungen. Wir verwenden eine, die 40 cm misst. Ihre Greifer sollten unterschiedliches Grillgut fassen und festhalten können. Holzgriffe sind zwar schön, aber nicht spülmaschinentauglich. Zangen, die komplett aus Edelstahl sind oder Griffe aus Silikon oder Kunststoff haben, sind praktischer. Eine Zange, die gut in der Hand liegt, ersetzt bei uns sogar den Grillwender.

2. Ein Grillhandschuh. Auch hier ist Länge von Vorteil, weil so der Unterarm vor Brandwunden bewahrt wird. Ein guter Grillhandschuh sollte bis zu 300 °C aushalten, dabei aber nicht unförmig sein. Schließlich sollen die behandschuhten Finger Zange und anderes Werkzeug sicher halten können. Wenn der Handschuh gut sitzt, genügt auch ein Fäustling – Modelle mit fünf Fingern sind meist teurer.

3. Ein Grillhalter. Ist sehr hilfreich, wenn Fische gegrillt werden, vor allem wenn sie gefüllt sind. So kleben sie nicht am Rost fest und die Füllung bleibt drin. Nützlich macht sich der Halter auch bei zartem Gemüse oder kleineren Fleischstücken, die so nicht durch den Rost fallen können. Edelstahl ist hier das Material unserer Wahl.

4. Eine Grillschale. Am besten aus Edelstahl. Sie ist umweltfreundlicher als Einwegschalen aus Alu – welche gesundheitsbewusste Grillfans wegen potenzieller Abgabe von Schadstoffen sowieso nicht mögen. Ideal für Gemüse, Desserts und Schmorgerichte.

5. Eine Grillbürste. Sie ist nicht nur bei der Endreinigung des Holzkohlegrills nützlich, sondern entfernt auch während des Grillens Rückstände von Speisen vom Rost. Dadurch verkokelt nichts, und Gemüsespieße schmecken auch nicht nach Fleisch. Am besten ist eine Bürste mit Borsten aus rostfreiem Stahldraht.

Fisch und Meeresfrüchte

Lagerlachs im Holzpapier

Alufolie war gestern. Heute wird Grillgut gern in millimeterdünne Holzblätter eingewickelt. Sie halten es saftig und verleihen ihm eine zarte Rauchnote – bei uns kommt noch ein sanftes Bieraroma dazu.

Das Holzpapier für 1 Stunde im Bier einlegen. Die Lachsfilets waschen und trocken tupfen. Den Rosmarin waschen und trocken schütteln, dann die Nadeln abstreifen und fein hacken. Rosmarin, Öl, Bier, Honig, Salz und Pfeffer in eine kleine Schüssel geben und gut verrühren.
Den Lachs mit der Mischung von beiden Seiten bestreichen. Jeweils ein Filet auf ein Blatt Holzpapier legen, es darin einwickeln und das Päckchen mit einem Faden (ist beim Holzpapier dabei) zubinden. Für 15–18 Minuten auf dem Grill bei geschlossenem Deckel garen.
Dazu passt die Knoblaise (s. S. 27) besonders gut.

Für 4 Personen:

4 Blätter Holzpapier
 (z. B. Erle oder Kirsche)
½ l Lager
4 Lachsfilets
2 Zweige Rosmarin
1 EL Olivenöl
1 EL Lager
1 TL Honig
Salz
Pfeffer

Radlerfisch

Wir haben für dieses Rezept Forellen genommen, können uns aber auch andere ganze Fische wie Saiblinge oder Doraden vorstellen.

Das halbe Brötchen in kleine Würfel schneiden und im Bier einweichen, bis das Brötchen die Flüssigkeit aufgesogen hat.
Die Forellen innen und außen unter fließendem Wasser waschen, danach trocken tupfen. Die Zitronen heiß abwaschen und trocken reiben. Aus einer Zitrone 1 EL Saft herauspressen, anschließend alle Zitronen mit Schale in große Würfel schneiden und in eine Schüssel füllen. Die eingeweichten Brötchenwürfel dazugeben, alles mit Öl vermengen und mit Salz und Pfeffer würzen.
Die Forellen von außen salzen und pfeffern, dann mit Zitronensaft und Bier beträufeln. Anschließend die Zitronen-Brot-Mischung hineinfüllen.
Die Forellen auf den Rost legen und 15–20 Minuten grillen, dabei mehrmals wenden. Wenn das Fleisch nicht mehr durchscheinend ist und sich die Rückenflosse leicht herausziehen lässt, sind sie fertig.

Für 4 Personen:

½ Brötchen vom Vortag
60 ml helles Bier
4 küchenfertige Forellen, alternativ auch TK
3 Bio-Zitronen
1 EL Olivenöl
Salz
Pfeffer
1 EL Bier

TIPP

Hier am besten eine Fischzange oder einen Grillhalter verwenden, dann bleibt die Füllung in den Forellen, und sie werden knuspriger als in einer Grillschale.

»Öl-Sardinen«

In Schweden heißt Bier »öl« und ist dort ziemlich teuer. Unser Sardinenrezept ist viel günstiger, auch wenn die Fische nicht aus der Dose, sondern frisch auf den Grill kommen.

Die Sardinen mit einem Messer unter fließendem Wasser entschuppen. Die Köpfe abschneiden, die Bäuche von den Kiemen bis zur Schwanzflosse aufschlitzen und die Innereien entfernen. Anschließend die Fische nochmals gründlich von innen und außen waschen und trocken tupfen.
Den Salbei waschen, trocken schütteln und fein hacken. Mit dem Bier vermischen, salzen und pfeffern und einen Teil der Mischung in den Bauchschnitt der Sardinen füllen. Mit dem Rest werden sie von außen eingerieben. Die Sardinen auf den Rost legen und etwa 8 Minuten grillen.
Dazu passen Weißbrot und ein bunter Salat.

Für 4 Personen:

20 frische Sardinen
6 Salbeiblätter
3 EL helles Bier
Salz
Pfeffer

TIPP

Wenn die Sardinen eher klein ausfallen, sollten sie am besten auf hölzerne Grillspieße gesteckt werden – so fallen sie nicht durch den Rost.

Calabieri

In Bamberg kann man »Calamahri« grillen, weil es dort Bier von der Brauerei Mahr gibt. Wir haben eine überregionale Variante ausprobiert.

Für 4 Personen:

500 g kleine TK-Tintenfischtuben
2 Scheiben Vollkorntoast
5 EL Bier
1 Zwiebel
2 Knoblauchzehen
4 EL Olivenöl
½ Bund glatte Petersilie
1 Ei
Salz
Pfeffer
Olivenöl zum Bepinseln
Zahnstocher zum Fixieren

Die Tintenfischtuben über Nacht im Kühlschrank auftauen lassen. Unter fließendem Wasser außen und innen waschen und mit Küchenpapier abtupfen. Die Tintenfische auf einen Teller legen und wieder kühl stellen.

Den Toast klein schneiden, in eine Schüssel geben und mit dem Bier beträufeln. Zwiebel und Knoblauch schälen und klein hacken. Das Öl in einer Pfanne erhitzen, Zwiebel und Knoblauch darin glasig dünsten, dann mit den Brotwürfeln mischen.

Die Petersilie waschen, trocken schütteln und grob zerrupfen, dann mit dem Ei ebenfalls in die Schüssel geben. Mit Salz und Pfeffer würzen und zu einer glatten Masse verkneten.

Die Füllung mithilfe eines Teelöffels in die Tintenfische geben. Die Öffnungen jeweils mit einem Zahnstocher verschließen. Die Tuben von außen salzen und pfeffern.

Eine Grillschale mit Öl bepinseln, die Tuben hineinlegen und rund 15 Minuten grillen. Dabei ab und zu wenden.

Wir mögen dazu am liebsten die Zwiebelcreme (s. S. 31).

Thai-Makrelen

Als Steckerlfisch sind sie volksfestbekannt. Wir ziehen ihnen ein orientalisches Kostüm über – allerdings erst nach dem Grillen.

Die Makrelen unter fließendem Wasser innen und außen waschen, dann mit Küchenpapier trocken tupfen.

Die Chilischote waschen, putzen und entkernen. Knoblauch und Ingwer schälen. Zusammen mit den Kaffirlimettenblättern fein hacken. Alles mit Honig, Pils, 1 EL Erdnussöl und dem Sesamöl sowie der Fischsauce in einer Schüssel gut verrühren.

Die Makrelen mit einem scharfen Messer auf jeder Seite sechsmal einschneiden (die Schnitte sollen bis aufs Fleisch, aber nicht bis zu den Gräten gehen). Mit dem restlichen Erdnussöl einpinseln, dann salzen und von jeder Seite 5–6 Minuten grillen, bis die Haut dunkel und die Augen weiß sind.

Die Makrelen vom Grill nehmen und mit der Sauce beträufeln. Vor dem Servieren sollte sie etwa 2–3 Minuten lang einziehen.

Für 4 Personen:

4 Makrelen (ausgenommen und entschuppt)
1 rote Chilischote
1 Knoblauchzehe
1 walnussgroßes Stück frischer Ingwer
2 Kaffirlimettenblätter (aus dem Asialaden)
2 TL flüssiger Honig
6 EL Pils
3 EL Erdnussöl
1 TL Sesamöl
1 TL Thai Fischsauce
Salz

Marineros (Kalmare)

Es gibt viele Geheimtipps, wie man Kalmare schön zart bekommt. Das reicht vom Windelweichklopfen bis zum Vorkochen mit Weinkorken im Sud. Wir haben mit langem Marinieren und kurzem Grillen bei großer Hitze sehr gute Ergebnisse erzielt. Außerdem kommt da das Bier am besten zur Geltung.

Die Tintenfische waschen und trocken tupfen. Die Fangarme, falls noch vorhanden, von den Tuben trennen. Die Tuben mehrfach mit einem Messer einritzen und mit Senf bestreichen. Die Zitrone halbieren und auspressen. Den Saft über die Kalmare träufeln, das Fruchtfleisch der Zitrone mit einem Löffel ausschaben und dazugeben (Kerne dabei natürlich entfernen). Alles mit Bier übergießen und für mehrere Stunden (darf auch ein ganzer Tag sein) im Kühlschrank marinieren, dabei 1–2-mal wenden.
Die Tintenfische aus der Marinade nehmen, gut abtropfen lassen und bei starker Hitze von jeder Seite maximal 2 Minuten grillen.

Für 4 Personen:

800 g küchenfertige Kalmare, alternativ TK-Kalmare
2 TL Senf
1 Zitrone
200 ml helles Bier

TIPP

Aus der Marinade lässt sich noch eine köstliche Sauce basteln. Dazu die Marinade, bevor die Tintenfische auf den Grill kommen, kurz aufkochen und mit frischen Kräutern (z. B. Estragon, Minze, Pimpinelle) verfeinern.

Gambas con cerveza

Spanisches Bier muss man für dieses supereinfache Gericht nicht unbedingt verwenden. Das andalusische Strandgefühl entsteht auch so. Finden wir.

Die Garnelen schälen, entdarmen, waschen und trocken tupfen. Den Knoblauch schälen und sehr fein hacken. Die Rosmarinzweige waschen und trocken schütteln. Die Nadeln von den Zweigen streifen und ebenfalls fein hacken.
Knoblauch und Rosmarin in einer flachen Schüssel mit Öl, Bier und Salz vermengen. Die Garnelen in der Mischung etwa 30 Minuten marinieren, dabei ein paarmal wenden.
Die Garnelen etwa 7 Minuten grillen, bis sie rosa sind. Dabei 1–2-mal wenden.
Die Knoblaise (s. S. 27) oder die Vegane Bieronaise (s. S. 24) passen gut dazu.

Für 4 Personen:

16 Riesengarnelen
1 Knoblauchzehe
3 Zweige Rosmarin
4 EL Öl
4 EL Bier
Salz

TIPP

Wer sich Arbeit sparen will, verwendet tiefgekühlte Riesengarnelen, die schon geschält und entdarmt sind. Sie werden im Kühlschrank (am besten über Nacht) aufgetaut, kurz abgewaschen und trocken getupft, bevor sie mariniert werden.

Garnelenspieße

Hier bringen die Garnelen ihre Brotbeilage gleich mit.

Die Garnelen über Nacht im Kühlschrank auftauen lassen, danach unter fließendem Wasser kurz waschen und mit Küchenpapier trocken tupfen. Die Brötchen in etwa 2 cm große Würfel schneiden. Dann immer abwechselnd eine Garnele und einen Brötchenwürfel auf einen Holzspieß stecken.
Die Knoblauchzehe schälen und fein hacken. Mit Bier, Öl und etwas Salz in einer flachen Schüssel vermengen. Die Garnelenspieße mindestens 30 Minuten in der Mischung marinieren, dabei immer wieder wenden.
Anschließend die Spieße unter mehrfachem Wenden etwa 8 Minuten grillen, bis die Garnelen rosa und die Brötchenwürfel leicht gebräunt sind.
Auch hier machen sich die Knoblaise (s. S. 27) und die Vegane Bieronaise (s. S. 24) als Begleiter gut.

Für 4 Personen:

400 g TK-Garnelen
2 Brötchen vom Vortag
1 Knoblauchzehe
4 EL Bier
4 EL Öl
Salz
Grillspieße aus Holz

Bieriger Jakob

Ob Hauptgericht oder Amuse Grille – diese leicht angebierten Muscheln überzeugen durch ihre einfache Zubereitung.

Die Jakobsmuscheln waschen, trocken tupfen und in eine flache Schale legen. Die Zitrone auspressen. Die Petersilie waschen, trocken schütteln und fein hacken.
Zitronensaft, Petersilie, Pils und Olivenöl vermischen, mit Salz und Pfeffer abschmecken und die Marinade über die Muscheln geben.
Die Muscheln in der Marinade 10 Minuten ziehen lassen, dann 5–8 Minuten grillen.

Für 4 Personen:

12 Jakobsmuscheln
  (küchenfertig ausgelöst)
½ Zitrone
4 Stängel glatte Petersilie
2 EL Pils
4 EL Olivenöl
Salz
Pfeffer

TIPP

Besonders schön sehen die Muscheln aus, wenn sie in ihrer Schale serviert werden. Einfach beim Fischhändler danach fragen, er kann sie mitgeben.

Grilltypen – Alles Kohle, oder was?

Viele Wege führen zum Steak. Traditionsbewusste, Romantiker und alle, die gern zündeln, grillen am liebsten über glühenden Kohlen. Die Geräte dafür kann man bereits für unter 20 Euro kaufen – sollte man aber nicht. Denn Billiggrills rosten schnell, weil sie meist schlecht verarbeitet sind. Das sieht nicht schön aus, ist unhygienisch und kann schlimmstenfalls gefährlich werden: Denn wenn Rost die Beine anfrisst, ist der Grill nicht mehr standsicher. Also lieber etwas mehr Geld investieren und Geräte mit hochwertiger Emaillierung oder aus Edelstahl erwerben. Dabei auch an die Grillmengen denken. Hat der Rost einen Durchmesser, der kleiner als 40 cm ist, werden höchstens zwei Personen schnell satt. Werden sechs oder mehr Esser erwartet, sollte der Rostdurchmesser mindestens 67 cm betragen. Ein ausreichend bemessener Rost lässt sich zudem besser in verschiedene Hitzezonen einteilen. Dafür wird der größte Teil der Glut auf eine Seite geschoben. Über dieser direkten Hitze werden Steaks oder Burger gebraten. Am Rand dieser heißesten Zone ist der beste Platz für Würste. Der Bereich mit wenig Glut bringt die nötige indirekte Hitze mit, über der größere Fleischstücke, festere Gemüsesorten oder ganze Hähnchen durchgaren, ohne außen zu verbrennen. Auch als »Warmhalteplatte« zum Ablegen von fertig gegrilltem Fleisch eignet sich diese Zone. Perfektioniert wird das Grillen mit indirekter Hitze durch einen Deckel. Liegt er auf dem Gerät, verteilt er die Hitze der Glut rundum. Bei einigen Modellen lässt sich die Luftzufuhr passend zum jeweiligen Grillgut regeln – so kann der Grill zum Backofen oder zur Räucherkammer werden.

Präzisionsfanatiker, Ungeduldige und alle, die Wert auf Komfort legen, werden mit Gasgrills glücklich. Bei ihnen lässt sich die Hitze superexakt regeln und sie erreichen auf Knopfdruck und in nur wenigen Minuten Betriebstemperatur. Gute Geräte ermöglichen es auch hier, verschiedene Hitzezonen einzurichten. Bei Gasgrills mit Deckel – der normalerweise für die indirekte Grillhitze sorgt – muss der Rost zum Reinigen nicht einmal herausgenommen werden. Einfach den Deckel schließen und den Grill auf höchster Stufe ein paar Minuten laufen lassen. Alles, was am Rost klebt, wird weggebrannt. Es entsteht eine Ascheschicht, die ganz simpel mit einer Edelstahlbürste entfernt wird.

Kohlehasser, Gasflaschen-Phobiker und alle, die gerne direkt im Esszimmer grillen, setzen auf die Elektrovariante. Diese Geräte sind sauber, rauchen und rußen nicht – ein nicht zu unterschätzender Punkt, wenn es darum geht, gute Nachbarschaft in Mehrfamilienhäusern zu bewahren. Sie sind im Betrieb und bei der Anschaffung oft günstiger als Holzkohle- und Gasmodelle. Zu geizig sollte man beim Kauf aber nicht sein. Genügend Leistung – mindestens 2000 Watt – sollte ein E-Grill schon liefern, um die Hitze zu erzeugen, mit der sich z. B. Steaks gut grillen lassen. Billigere Modelle sind in der Regel zu schwach: Fleisch muss zu lange auf dem Grill bleiben und wird zäh. Getrennt regelbare Hitzezonen und ein Deckel fürs indirekte Grillen sind auch bei Elektrogeräten äußerst hilfreich.

Ganz egal also, ob Holzkohle, Gas oder Strom Steaks, Würstchen und Tofuburger in Grillfestleckerbissen verwandeln – es lohnt sich, beim Gerätekauf auf Qualität zu achten.

Vegetarische Hauptspeisen

Zucchini-Feta-Röllchen

Die Zucchini putzen, waschen und mit einem Gemüsehobel oder einem Sparschäler der Länge nach in dünne Scheiben hobeln. Die Scheiben auf Küchenpapier legen, salzen und etwa 5 Minuten Wasser ziehen lassen.
Den Feta in eine Schüssel bröseln und mit Bier, Ajvar und 2 EL Öl verrühren, bis eine feste Creme entsteht.
Die Zucchinischeiben mit Küchenpapier trocken tupfen. Jeweils 2-3 Scheiben so nebeneinander legen, dass sie leicht überlappen.
Die Schafskäsemasse auf den Scheiben verteilen, diese einzeln zusammenrollen und mit Zahnstochern feststecken.
Die Röllchen auf eine Grillschale legen, mit dem restlichen Öl bestreichen und etwa 8 Minuten grillen.

Für 12 Röllchen:

2 Zucchini
Salz
200 g Feta
2 EL Bier
100 g Ajvar
4 EL Olivenöl
Zahnstocher zum Fixieren

Feta-Päckchen

Die einen lieben es, in Alufolie verpackte Köstlichkeiten vom Grill zu essen, die anderen weigern sich vehement. Alufolie sollte nämlich nicht mit Säure in Verbindung kommen, weil sich gesundheitsschädliche Stoffe entwickeln können. Die Lösung: Lebensmittel erst in Backpapier, dann in Alufolie wickeln. So kommen sie erstens nicht mit der Folie in Kontakt und kleben zweitens nicht an.

Den Feta in Scheiben schneiden. Den Knoblauch schälen und fein hacken. Den Rosmarin waschen und trocken schütteln, die Nadeln abstreifen und fein hacken. Die getrockneten Tomaten etwas abtropfen lassen (das Öl dabei auffangen) und in grobe Streifen schneiden.
Knoblauch, Rosmarin, Bier und 2 EL des Tomatenöls gut verrühren. Vier ca. 20 x 20 cm große Quadrate aus Alufolie auslegen und diese mit etwas kleineren Stücken Backpapier belegen.
Darauf den Feta und die Tomaten verteilen. Die Öl-Bier-Mischung darüberträufeln. Die Pinienkerne obendrauf streuen und das Ganze kräftig pfeffern.
Die Päckchen sorgfältig verschließen, auf den Grill legen und ca. 8 Minuten garen.

Für 4 Personen:

500 g Feta
4 Knoblauchzehen
4 Zweige Rosmarin
150 g getrocknete Tomaten in Öl (aus dem Glas)
4 EL Bier
100 g Pinienkerne zum Bestreuen
Pfeffer

Zwierbel

Die Zwiebeln schälen, dabei die Wurzelenden dranlassen. Dann längs halbieren, von jeder Hälfte 2–3 äußere Schichten mitsamt dem Wurzelende (die sogenannten Zwierbeln) ablösen und beiseitelegen. Das Zwiebelinnere fein hacken.

Den Sonnenweizen im Bier etwa 10 Minuten weich kochen. Inzwischen die Butter in einer Pfanne zerlassen und die kleingehackten Zwiebeln darin glasig dünsten. Von der Hitze nehmen. Den Weizen abgießen, das Bier dabei auffangen.

Den Rosmarin waschen und trocken schütteln, die Nadeln abstreifen und fein hacken. Mit Tomatenmark, Paprika, etwas Salz und Pfeffer zu den gebratenen Zwiebeln geben. Crème fraîche, den Sonnenweizen und 2 EL des aufgefangenen Kochbiers zufügen und alles gut verrühren.

Die Mischung in die Zwierbeln füllen, diese auf Grillschalen setzen und 30 Minuten grillen.

Für 4 Personen:

4 (nach Möglichkeit große) rote Zwiebeln
150 g Ebly Sonnenweizen
½ l Bier
1 EL Butter
2 Zweige Rosmarin
1 TL Tomatenmark
½ TL rosenscharfes Paprikapulver
Salz
Pfeffer
150 g Crème fraîche

TIPP

Statt Sonnenweizen eignen sich auch Bulgur, rote Linsen oder Reis für die Füllung – die Kochzeit entsprechend anpassen.

Bierkürbis

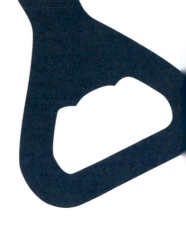

Kürbis-Bier ist eine neue Kreation von Brauern, denen Hopfen, Gerstenmalz und Wasser nicht genügen. Eine österreichische Brauerei setzt der Gärflüssigkeit beispielsweise Saft vom Muskatkürbis zu. Er gärt mit und verleiht dem Getränk – nach dem deutschen Reinheitsgebot dürfte es sich gar nicht Bier nennen – einen fruchtigen Kürbisgeschmack. Unser Rezept bringt Bier und Kürbis sortenrein zusammen – und beim Hokkaido kann sogar die Schale mitgegessen werden.

Für 4 Personen:

2 Hokkaido-Kürbisse (à 1 kg)
2 Knoblauchzehen
4 Scheiben Brot
250 g Pecorino
250 g Crème fraîche
¼ l dunkles Bier
Salz
Pfeffer

Die Kürbisse waschen, abtrocknen und um den Blütenansatz herum einen Deckel herausschneiden. Die Kerne mit einem Löffel oder Eisportionierer entfernen.
Den Knoblauch schälen und fein hacken. Das Brot in Würfel schneiden. Den Käse reiben.
Den Knoblauch mit Crème fraîche und Bier in einer Schüssel mischen, salzen und pfeffern.
Zum Befüllen der Kürbisse immer abwechselnd eine Lage Brot, eine Lage Bier-Mischung und eine Lage Käse hineinschichten.
Wenn sie voll sind, die Deckel draufsetzen und das Ganze in einer Grillschale auf den Rost legen. Bei geschlossenem Deckel 1 ½ Stunden grillen.
Wer mag, löffelt erst die Füllung aus und isst den Kürbis dann als Beilage zu anderem Grillgut. Man kann die Hokkaidos aber auch mit einem Messer vierteln und Kürbis und Füllung zusammen essen.

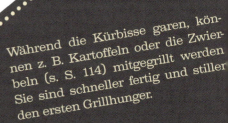

TIPP

Während die Kürbisse garen, können z. B. Kartoffeln oder die Zwiebeln (s. S. 114) mitgegrillt werden. Sie sind schneller fertig und stillen den ersten Grillhunger.

Halloumi-Weizen-Spieße

Der halbfeste Schnittkäse ist besonders gut zum Grillen geeignet, weil er nicht zerfließt, wenn er heiß wird – das freut den Menschen, der den Rost sauber macht.

Den Halloumi in etwa 4 cm große Würfel schneiden. Die Zwiebeln schälen und achteln, die Champignons putzen, die Stiele gegebenenfalls entfernen. Die Peperoni abtropfen lassen und die Stiele abschneiden. Die Zitrone heiß waschen, trocken reiben und halbieren. Die eine Hälfte auspressen, die andere in vier Teile schneiden.

Die Kräuter waschen, trocken schütteln und die groben Stiele entfernen. Den Rest fein hacken und mit Zitronensaft, Weizenbier und Öl vermischen. Mit Salz und Pfeffer würzen.

Käse, Zwiebeln, Pilze, Peperoni und Zitrone in die Marinade geben und mehrfach wenden, bis alles gut damit überzogen ist. Im Kühlschrank mindestens 3 Stunden ziehen lassen. Dann abwechselnd auf Grillspieße stecken – jeder sollte ein Stück Zitrone bekommen. Die Spieße in einer Grillschale rund 10 Minuten garen, dabei ab und zu wenden.

Für 4 Personen:

400 g Halloumi
2 rote Zwiebeln
8 braune Champignons
8 eingelegte Peperoni (aus dem Glas)
1 Bio-Zitrone
4 Stängel Minze
4 Stängel Oregano
2 Zweige Thymian
8 EL Weizenbier
4 EL Olivenöl
Salz
Pfeffer
Grillspieße aus Holz

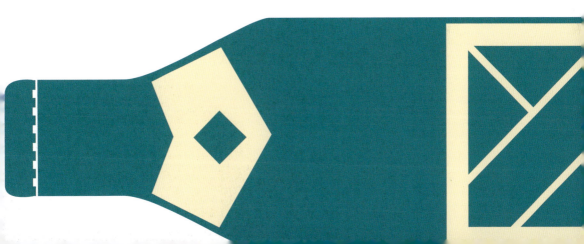

Biertobellos

Die Pilze putzen. Den Stiel und die Lamellen entfernen.

Zwiebel und Knoblauch schälen und fein hacken. Das Brot in Würfel schneiden. Zwiebel, Knoblauch und Brot im Öl goldbraun braten, anschließend abkühlen lassen.

Die Tomaten waschen und in Würfel schneiden, dabei den Strunk entfernen. Die Petersilie waschen, trocken schütteln und fein hacken. Den Schafskäse zerkrümeln. Tomaten, Petersilie und Feta zur Brotmischung geben und vermengen. Das Bier unterrühren, mit Salz und Pfeffer abschmecken und die Pilze mit der Mischung befüllen.

Die gefüllten Pilze auf den Grill legen und etwa 10 Minuten bei geschlossenem Deckel grillen.

Für 4 Personen:

4 Portobello-Pilze
1 Zwiebel
1 Knoblauchzehe
3 Scheiben altbackenes Baguette
6 EL Olivenöl
2 Tomaten
4 Stängel glatte Petersilie
100 g Feta
6 EL dunkles Bier
Salz
Pfeffer

TIPP

Da es nicht immer und überall Portobellos zu kaufen gibt, können sie in dem Rezept auch durch möglichst große braune Champignons ersetzt werden – Portobellos sind nämlich nichts anderes als deren XXL-Version. Wenn »normalgroße« Pilze verwendet werden, pro Person 3–4 Stück einplanen (hier müssen die Lamellen auch nicht entfernt werden).

Quesagrillas

Man kann die Tortillafladen natürlich auch selbst machen. Wir sparen uns die Arbeit und nehmen gekaufte.

Die Tomate mit kochendem Wasser überbrühen und die Haut abziehen. Dann vierteln, entstrunken, entkernen und in feine Würfel schneiden. Die Frühlingszwiebel waschen, putzen und in sehr feine Ringe schneiden. Den waschen und trocken schütteln, die groben Stängel entfernen und den Rest fein hacken. Die Peperoni abtropfen lassen und ebenfalls in feine Ringe schneiden. Dann alles miteinander vermengen.

Den Käse reiben, mit saurer Sahne und Bier verrühren und unter das Gemüse heben. Mit Salz und Pfeffer abschmecken und nochmals durchmischen.

Die Tortillafladen je zur Hälfte mit der Mischung bestreichen. Dann zusammenklappen und von jeder Seite etwa 3 Minuten grillen. Der Käse sollte geschmolzen und der Fladen knusprig sein. Nach dem Grillen die Quesagrillas sofort in Stücke schneiden und servieren.

Für 4 Personen:

1 Tomate
1 Frühlingszwiebel
4 Stängel Koriandergrün
3 eingelegte Peperoni (aus dem Glas)
75 g Käse (z. B. Cheddar, Emmentaler oder Gouda)
50 g saure Sahne
2 EL Bier
Salz
Pfeffer
4 Tortillafladen

TIPP

Die Füllung lässt sich auch vegan zubereiten. Dann nimmt man statt Käse Avocado und statt saurer Sahne Seidentofu.

Veggie-Bierger

Diese Burger sind vegetarisch, aber nicht alkoholfrei. Man kann halt nicht alles haben.

In einem Topf den Bulgur im Bier 10 Minuten quellen lassen, dann erhitzen und etwa 10 Minuten köcheln. Bei Bedarf Bier nachgießen. Am Ende der Kochzeit sollte der Bulgur das Bier komplett aufgesogen haben. Die Kichererbsen in ein Sieb abgießen, kurz waschen und abtropfen lassen.

Die Petersilie waschen, trocken tupfen und fein hacken. Knoblauch und Zwiebeln schälen und klein schneiden. Petersilie, Knoblauch, Zwiebeln, Kichererbsen und Bulgur mit dem Pürierstab zerkleinern. Kreuzkümmel und Chilipulver unterrühren und mit Salz und Pfeffer abschmecken.

Das Mehl mit Backpulver und Semmelbröseln mischen und mit der Kichererbsenmasse vermengen. 1 Ei zugeben und hineinkneten. Falls die Masse noch zu trocken ist, ein weiteres Ei einarbeiten.

Aus der Masse 4 große Burgerpattys formen und auf dem heißen Grill von beiden Seiten in etwa 15 Minuten goldbraun grillen, dabei ab und zu wenden.

Die Brötchen halbieren und die Schnittflächen kurz auf dem Grill anbräunen. Je einen Bierger zwischen zwei Brötchenhälften geben und servieren.

Für 4 Personen:

100 g grober Bulgur
250 ml Bier, plus mehr bei Bedarf
350 g Kichererbsen (aus der Dose)
6 Stängel glatte Petersilie
3 Knoblauchzehen
2 Zwiebeln
½ TL gemahlener Kreuzkümmel (Cumin)
½ TL Chilipulver
Salz
Pfeffer
1 EL Mehl
1 TL Backpulver
1 EL Semmelbrösel
1–2 Eier
4 Burgerbrötchen

TIPP

Je nach Geschmack können die Bierger zusätzlich mit Zwiebelringen, Tomatenscheiben und Salatblättern belegt werden. Wer mag, kann auch noch Bierketchup (s. S. 25) dazu nehmen.

Vegane Hauptspeisen

Gefüllte Tomaten

Ein leichtes, veganes Grillvergnügen.

Die Frühlingszwiebeln waschen, putzen und in feine Ringe schneiden. Das Öl in einem Topf erhitzen und die Zwiebeln darin kurz anschwitzen. Mit dem Bier ablöschen, aufkochen lassen (Achtung: Das Bier schäumt!) und den Couscous einrühren. Den Deckel auflegen und den Couscous ohne weitere Hitzezufuhr 8 Minuten quellen lassen.

Die Fleischtomaten waschen und den Strunk mit einem Messer herauslösen. Durch die entstandene Öffnung mit einem Teelöffel die Kerne entfernen. Die Minze waschen, trocken schütteln und fein hacken.

Die Sojasahne unter den Couscous rühren, die Pistazien nach Belieben klein hacken und mit der Minze unterheben. Mit Chili, Kreuzkümmel und Salz würzen und alles nochmals gut verrühren.

Die Tomaten mit der Couscousmasse füllen und auf dem Grill ca. 10 Minuten garen.

Für 4 Personen:

2 Frühlingszwiebeln
2 EL Olivenöl
200 ml Pils
100 g Couscous
4 Fleischtomaten
4 Stängel Minze
4 EL Sojasahne
4 EL Pistazien
½ TL Chiliflocken
1 Prise gemahlener Kreuzkümmel (Cumin)
Salz

Akiras

Wir wollten diese japanisch inspirierten Tofuspieße eigentlich »Abieras« nennen. Da wir aber befürchteten, dass die Cineasten unter unseren Freunden (Gudrun! Manu! Rolf-Bernhard! Johannes!) das nicht lustig finden könnten, blieb es bei »Akiras« und einer kulinarischen Verbeugung vor dem großen Regisseur Kurosawa.

Den Tofu in etwa 2 cm große Würfel schneiden und auf Spieße stecken. Die Limette auspressen. Den Saft mit Bier, Agavendicksaft und etwas Salz verrühren und die Tofuspieße mindestens 30 Minuten darin marinieren.
Den Tofu vor dem Grillen mit der Misopaste bestreichen. Die Spieße anschließend für ca. 8 Minuten auf den Rost legen, dabei mehrmals wenden.

Für 4 Personen:

500 g Tofu
1 Limette
4 EL Pils
1 EL Agavendicksaft
Salz
100 g gelbe Misopaste
Grillspieße aus Holz

Tofu-Bierger

Pattys für Tofuburger gibt's fix und fertig im Supermarkt zu kaufen. Aber. ABER: Unsere sind saftiger und vor allem bieriger.

Den Knoblauch schälen und fein hacken. Möhren und Sellerieknolle schälen und fein reiben. Den Tofu mit dem Stabmixer zerkleinern, dann Bier, Knoblauch und das Gemüse zugeben.

Das Mehl über den Tofu streuen, alles salzen und pfeffern und die Masse mit den Händen verkneten. Falls der Teig zu fest ist, noch etwas Bier, falls er zu flüssig ist, noch etwas Mehl hinzufügen.

Aus dem Teig flache Burgerpattys formen und diese ca. 5 Minuten von jeder Seite grillen. In der Zwischenzeit die Pitafladen aufschneiden, die Tomaten waschen, putzen und in dünne Scheiben schneiden (dabei den Strunk entfernen), die Salatblätter waschen und trocken schleudern.

Die Pitas nach Belieben kurz angrillen, dann mit Salat, Tofupattys und Tomaten belegen.

Unsere Vegane Bieronaise (s. S. 24) passt dazu sehr gut.

Für 4 Bierger:

1 Knoblauchzehe
2 Möhren
½ Sellerieknolle
  (ca. 200 g)
400 g Tofu
4 EL helles Bier,
  plus mehr bei Bedarf
2 EL Mehl,
  plus mehr bei Bedarf
Salz
Pfeffer
4 Pitafladen
2 Tomaten
4 Blätter Romanasalat

Schnelle Tofu-Bierger

Wenn mal keine Zeit ist, Tofupattys selbst zuzubereiten.

Den Tofu in vier Scheiben schneiden. Den Knoblauch schälen und fein hacken. Knoblauch, Öl und 3 EL Bier in einer Schüssel gut verrühren. Den Tofu für mindestens 1 Stunde in der Marinade einlegen (falls er nicht ganz bedeckt ist, dabei mindestens einmal wenden).

Das Brot in vier Stücke schneiden, diese längs halbieren und auf der Innenseite kurz angrillen. Den Hummus mit dem restlichen Bier verrühren und die Innenseiten der Brote damit bestreichen.

Die Tomaten waschen, putzen und in dünne Scheiben schneiden, dabei den Strunk entfernen. Den Salat waschen und trocken schleudern. Die Zwiebel schälen und in dünne Ringe schneiden.

Den Tofu von beiden Seiten ca. 2 Minuten grillen. Die Brotunterseite mit Salat, Tofupatty, Tomatenscheiben und Zwiebelringen belegen und den Brotdeckel leicht andrücken.

Für 4 Bierger:

500 g Tofu
1 Knoblauchzehe
2 EL Olivenöl
4 EL helles Bier
1 großes Pitabrot
200 g Hummus (aus dem Glas)
2 Tomaten
4 Blätter Eisberg- oder Romanasalat
1 kleine rote Zwiebel

Tofuspieße

Für eine Freundin haben wir vor einigen Jahren ein Rezept für Hähnchenspieße vegetarisch abgewandelt. Da die Variante so gut ankam, haben wir sie in unser festes Grillrepertoire aufgenommen.

Den Tofu in etwa 2 cm große Würfel schneiden. Die Pilze putzen. Die Tomaten waschen und trocken reiben. Die Limette heiß waschen, abtrocknen und in dünne Scheiben schneiden. Alles abwechselnd auf Grillspieße stecken.
Den Ingwer schälen und fein reiben, dann mit Weizenbier, Öl, Sojasauce, Zucker und Sambal Oelek verrühren. Die Tofuspieße mit der Marinade bestreichen und mindestens 30 Minuten ziehen lassen.
Danach die Spieße ca. 8 Minuten grillen, dabei ab und zu wenden.

Für 4 Personen:

400 g Tofu
250 g braune Champignons
150 g Kirschtomaten
1 Bio-Limette
1 walnussgroßes Stück frischer Ingwer
4 EL Kristallweizen
4 EL Sonnenblumenöl
1 EL Sojasauce
1 TL brauner Zucker
½ TL Sambal Oelek
Grillspieße aus Holz

Falafel

Die Kichererbsenbällchen brauchen etwas Vorbereitungszeit und fallen flacher aus als gewohnt, weil sie sich so besser grillen lassen.

Zwiebel und Knoblauch schälen und fein hacken. Das Olivenöl in einer Pfanne erhitzen und Zwiebel und Knoblauch darin glasig dünsten. Von der Hitze nehmen und abkühlen lassen.
Koriander und Petersilie waschen, trocken schütteln und fein hacken. Die Kichererbsen abgießen und in eine hohe Rührschüssel füllen. Zwiebel, Knoblauch, Koriander, Petersilie, Kreuzkümmel und Chiliflocken dazugeben und alles mit dem Pürierstab fein zerkleinern. Das Bier und die Hälfte der Semmelbrösel hinzufügen und alles zu einer geschmeidigen Masse verkneten. Daraus acht flache Pattys formen und diese mit dem Rest der Semmelbrösel panieren.
Die Falafeln von jeder Seite ca. 4 Minuten grillen.

Ergibt 8 Falafeln:

1 Zwiebel
1 Knoblauchzehe
1 EL Olivenöl
5 Stängel Koriandergrün
5 Stängel glatte Petersilie
400 g Kichererbsen (aus der Dose)
1 TL gemahlener Kreuzkümmel (Cumin)
½ TL Chiliflocken
4 EL Pils
100 g Semmelbrösel

Glückliche Schafe

Die dritte und vegane Variante unserer Bierköfte macht Menschen und Tiere froh. Erstere, weil sie ihnen lecker schmeckt. Und letztere, weil keines von ihnen für sie sterben muss.

Die Sojaschnetzel im Bier einlegen, bis sie es komplett absorbiert haben. Den Knoblauch schälen und fein hacken. Zusammen mit den anderen Zutaten und den Bierschnetzeln vermengen. Falls die Mischung zu trocken ist, noch etwas Bier, falls sie zu feucht ist, noch eine Prise Johannisbrotkernmehl zugeben.
Aus der Masse ca. 2 cm dicke Würste formen und auf die Holzspieße stecken. Die Spieße über heißer Glut von allen Seiten gut 2 Minuten erhitzen.
Wir empfehlen dazu unsere Knoblaise (s. S. 27).

Für 4 Personen:

250 g feine Sojaschnetzel
300 ml dunkles Bier, plus mehr bei Bedarf
2 Knoblauchzehen
2 TL Johannisbrotkernmehl, plus mehr bei Bedarf
1 EL Tomatenmark
1 TL Pul Biber (türkisches Chiligewürz)
Salz, Pfeffer
Grillspieße aus Holz

Gemüsebeilagen

Kolbenfresser

Das Vorkochen in Bier hat mehrere Vorteile: Erstens muss der Mais nicht mehr so lange auf den Grill. Zweitens ist er saftiger. Drittens, viertens, fünftens usw. schmeckt er so noch viel besser.

Blätter und Fäden von den Maiskolben entfernen und die Enden der Kolben abschneiden. Den Mais in einen Topf legen, mit dem Bier übergießen und 10 Minuten köcheln lassen. Falls die Kolben nicht komplett vom Bier bedeckt sind, mehrmals wenden.
Die Chilischote waschen, putzen, halbieren, entkernen und fein schneiden. Die Kräuter waschen, trocken tupfen und Nadeln und Blätter von den Stielen streifen. Die Knoblauchzehe schälen und mit den Kräutern sehr fein hacken. Dann alles mit dem Öl vermischen und gut salzen und pfeffern.
Die Maiskolben aus dem Kochbier nehmen, leicht abtropfen lassen (sie dürfen ruhig noch etwas bierfeucht sein) und in eine flache Schüssel legen. Mit der Chili-Öl-Marinade bestreichen und 2–3 Stunden ziehen lassen. Die Kolben danach etwa 15 Minuten auf dem Grill bräunen.

Für 4 Personen:

4 frische Maiskolben
½ l Märzen
1 Chilischote
2 Zweige Rosmarin
2 Zweige Thymian
1 Knoblauchzehe
6 EL Olivenöl
Salz
Pfeffer

TIPP

Das Kochbier nicht wegschütten, es lässt sich gut z. B. in der Märzen-Möhren-Marinade (s. S. 16) verwenden.

Möhrchen

Die Blätter der Möhren bis auf 1 cm über der Wurzel abschneiden – der Rest kann beim Essen als »Griff« dienen. Die Möhren mit der Gemüsebürste unter fließendem Wasser gründlich reinigen und abtrocknen. Den Estragon waschen, trocken schütteln und fein hacken.
Die Butter in einem Topf zerlassen, dann von der Hitze nehmen. Bier, Honig und Salz mit der Butter verrühren. Zum Schluss den Estragon zugeben.
Die Möhren in eine Grillschale legen, mit der Buttermischung bestreichen und ca. 20 Minuten grillen, dabei gelegentlich wenden.

Für 4 Personen:

500 g Bundmöhren
3 Stängel Estragon
4 EL Butter
2 EL dunkles Bier
1 TL Honig
Salz

Grillschoten

Dieses supereinfache Rezept lässt sich gut vorbereiten.

Die Paprikaschoten waschen und halbieren. Den Strunk, die Kerne und die weißen Trennhäute entfernen. Jede Hälfte in vier Stücke schneiden. Den Knoblauch schälen und fein hacken.
Knoblauch, Salz, Öl und Bier in einer Schüssel mischen. Die Paprikastücke hineinlegen und mehrfach wenden, bis sie rundum mit der Marinade überzogen sind. Die Schüssel abdecken und die Paprika mindestens 4 Stunden ziehen lassen.
Die Paprikastücke mit der Hautseite nach unten ca. 8 Minuten grillen. Wer mag, schneidet sie vor dem Servieren in Streifen.

Für 4 Personen:

4 Paprikaschoten (rote, gelbe und grüne)
3 Knoblauchzehen
1 TL grobes Salz
4 EL Olivenöl
4 EL dunkles Bier

Steckrübensteaks

In Jonathan Franzens Roman *Die Korrekturen* erinnert sich der Held mit Grausen an das Steckrübengemüse, das er als Kind essen musste. Unsere Steckrübensteaks hätte er, behaupten wir jetzt mal, sicher gemocht …

Die Steckrüben schälen, in etwa 2 cm dicke Scheiben schneiden und in eine Schale legen. Das Bier in einem Topf erhitzen (nicht kochen lassen). Paprika, Chilipulver, Salz und Pfeffer einrühren. Den Biersud über die Steckrübensteaks gießen und diese 1–2 Stunden darin marinieren.
Anschließend die Steaks in ein Sieb abgießen (dabei die Marinade auffangen, sie kann in einer Grillsauce, z. B. der Schnellen Currysauce, s. S. 21, verwendet werden), abtropfen lassen und mit Küchenpapier trocken tupfen. Nochmals salzen und pfeffern, mit Öl bepinseln und auf dem Grill von beiden Seiten 15–20 Minuten braten.

Für 4 Personen:

2 Steckrüben
  (je ca. 1 kg schwer)
½ l Bier
2 TL edelsüßes
  Paprikapulver
1 TL Chilipulver
Salz
Pfeffer
2 EL Öl

TIPP

Steckrüben sind von September bis März erhältlich und somit das ideale Grillgemüse im Herbst und Winter.

Brauerlauch

Lauch ist das ganze Jahr über erhältlich – kommt also zu jeder Jahreszeit frisch und regional auf den Grill.

Den Lauch putzen, gründlich waschen und die Stangen einmal quer durchschneiden. Den Lauch in kochendem Salzwasser 1–2 Minuten blanchieren, dann kalt abschrecken (am besten in Eiswasser, so bleibt er schön grün). Dann zwischen zwei Lagen Küchenpapier geben und die Feuchtigkeit herausdrücken. Die Stangen auf einen flachen Teller legen.
Senf- und Koriandersamen in einem Mörser zerkleinern. In eine Schüssel geben und mit Semmelbröseln, Bier, Senf und Olivenöl gut vermischen. Mit Salz und Pfeffer abschmecken und nochmals verrühren.
Die Mischung rundum auf die Lauchstangen streichen. Diese in eine Grillschale geben und rund 10 Minuten grillen, dabei öfters wenden.

Für 4 Personen:

2 Stangen Lauch (ca. 1 kg)
Salz
1 TL Senfsamen
½ TL Koriandersamen
1 EL Semmelbrösel
4 EL Bier
1 TL süßer Senf
2 EL Olivenöl
Salz
Pfeffer

B&B-Zwiebeln

Hier grillen wir nicht für den sofortigen Genuss, sondern für eine hervorragende Beilage beim nächsten Grillfest.

Die Zwiebeln schälen und die Wurzelansätze abschneiden. Die Salbeiblätter waschen und trocken schütteln. Die Peperoni waschen, putzen, entkernen und vierteln. Zwiebeln, Salbei und Peperoni in einer Grillschale auf mittelstarke Hitze stellen und nur leicht angrillen. Anschließend alles in einen kleinen, feuerfesten Topf geben und mit Balsamico und Bier aufgießen. Kurz aufkochen (auf dem Herd oder Grill) und dann ca. 30 Minuten ziehen lassen. Mit Honig und Salz abschmecken.
Nach dem Abkühlen in saubere (sterilisierte) verschließbare Gläser abfüllen und kühl lagern. Hält sich mehrere Wochen bis zum nächsten Grillen.

250 g Perlzwiebeln oder kleine Schalotten
10 Salbeiblätter
1 Peperoni
100 ml Balsamicoessig
100 ml dunkles Bier
1–2 TL Honig
Salz

TIPP

Kombinieren Sie die B&B-Zwiebeln doch einfach mit den B&B-Stripes von Seite 74.

Grillkohl

Wer Kohl nur als zerkochte Beilage zum Braten kennt, wird ihn mit unserem bierigen Rezept neu entdecken.

Den Rotkohl waschen und mit Küchenpapier trocknen. Falls die äußeren Blätter unansehnlich sind, diese entfernen. Den Kopf erst halbieren, dann vierteln und den Strunk aus den Vierteln herausschneiden.
Die Viertel in eine Grillschale legen. Zimt, Salz und Pfeffer mit dem Bier mischen und alles über die Kohlviertel gießen. Zum Schluss auf jedes Viertel ein Stück Butter geben.
Die Schale mit Alufolie abdecken, auf den Grill setzen und den Kohl etwa 30 Minuten grillen.

Für 4 Personen:

1 Rotkohl (1–1 ½ kg)
½ TL Zimt
Salz
Pfeffer
100 ml dunkles Bier
200 g Butter

TIPP

Das Rezept funktioniert auch mit Weiß- oder Spitzkohl.

Aubierginen

Seine Vergangenheit holt Hans immer wieder ein. Hier hat ihn sein Jahr auf Taiwan zu chinesisch gewürzten Grill-Auberginen inspiriert.

Die Auberginen waschen, trocknen und den Blütenansatz abschneiden. Dann in ca. 3 cm dicke Scheiben schneiden.
Den Ingwer schälen, fein hacken und in einer kleinen Schüssel mit den restlichen Zutaten vermischen. Die Auberginenscheiben mit der Mischung bestreichen und etwa 10 Minuten grillen, dabei öfters wenden.
Den Koriander waschen, trocken schleudern und hacken. Vor dem Servieren über die Auberginen streuen.

Für 4 Personen:

2 Auberginen
1 walnussgroßes Stück frischer Ingwer
1 EL dunkles Sesamöl
4 EL Sojasauce
4 EL Pils
½ TL Chilipulver
1 TL flüssiger Honig
½ Bund Koriandergrün zum Bestreuen

Gemüsespieße

Sie sind so bunt, gesund und appetitlich, dass sie auch Fleischfanatiker reizen.

Die Paprikaschoten waschen und halbieren. Strunk, Kerne und weiße Innenwände entfernen. Zucchini und Aubergine waschen und die Blütenansätze abschneiden. Die Paprika in ca. 5 x 5 cm große Stücke, Zucchini und Aubergine vierteln und in Streifen schneiden.
Die Tomaten waschen und abtropfen lassen. Die Schalotten schälen und das Wurzelende entfernen. Die Champignons putzen (falls die Stiele zu grob sind, diese entfernen). Das Gemüse abwechselnd auf Holzspieße stecken. Öl, Weizenbier und Senf gut verrühren und mit Salz und Pfeffer würzen. Die Spieße rundum mit der Marinade bestreichen und etwa 8 Minuten grillen. Dabei öfters wenden.

Für 4-6 Spieße:

je 1 gelbe und grüne Paprikaschote
1 Zucchini
1 Aubergine
200 g Kirschtomaten
6 kleine Schalotten
200 g braune Champignons
4 EL Olivenöl
4 EL Hefeweizen
1 EL scharfer Senf
Salz
Pfeffer
Grillspieße aus Holz

Chipotle-Süßkartoffeln

Chipotle nennt man in Mexiko geräucherte Jalapeños. Wir verwenden für dieses Rezept das Chipotle-Chilipulver.

Die Süßkartoffeln mit einer Gemüsebürste unter fließendem Wasser gründlich waschen. Dann trocken tupfen und vierteln.
Alle anderen Zutaten in einer Schüssel gut verrühren. Die Süßkartoffeln in die Marinade geben und mehrfach wenden, bis sie rundum damit überzogen sind.
Die Kartoffeln in einer Grillschale für ca. 20 Minuten auf den Grill legen. Die Stücke dabei mehrfach wenden und mit eventuell übriggebliebener Marinade übergießen. Die Süßkartoffeln sind fertig, wenn man leicht mit einer Gabel hineinstechen kann.

Für 4 Personen:

4 Süßkartoffeln (à 400 g)
1 TL gemahlener Kreuzkümmel (Cumin)
1 TL edelsüßes Paprikapulver
2 TL Chipotle-Chilipulver
½ TL gemahlener Zimt
2 TL Pils
4 EL Olivenöl

Pestokartoffeln

Wer die Kartoffeln vegan mag, nimmt statt des Pestos unsere Vegane Bieronaise (s. S. 24) – einfach 1 TL Tomatenmark hineinrühren.

Die Kartoffeln sorgfältig mit der Gemüsebürste unter fließendem Wasser waschen und etwa 10 Minuten in kochendem Salzwasser vorgaren. Anschließend abgießen, abtropfen und abkühlen lassen. Dann längs halbieren.
Das Pesto mit dem Bier gut verrühren. Die Mischung auf die Schnittflächen der Kartoffelhälften streichen. Die Kartoffeln mit der Pestoseite nach oben auf den Rost legen und ca. 20 Minuten grillen.

Für 4 Personen:

4 große Kartoffeln
  (à ca. 150 g)
Salz
200 g rotes Pesto
2 EL dunkles Bier

TIPP

Das Vorkochen reduziert die Grillzeit der Kartoffeln – das ist besonders bei festkochenden Sorten von Vorteil.

Nachspeisen

Kristall-Fruchtspieße

Beim Grillen mit Bier läuft alles wie am Spießchen – inklusive diesem dank gekauften Kuchen schnellen Nachtisch.

Das Obst waschen und trocken tupfen. Nektarinen und Aprikosen halbieren und entsteinen. Die Nektarinenhälften nochmals quer halbieren und in dicke Streifen schneiden. Die Erdbeeren entkelchen, sehr große Exemplare halbieren. Den Rührkuchen in mund- und spießgerechte Stücke schneiden.
Alle Zutaten abwechselnd auf Grillspieße stecken. Das Weizen in eine flache Schale gießen und die Spieße für ca. 20 Minuten hineinlegen. Mehrmals wenden, bis die Kuchenstücke das Bier komplett aufgesogen haben. Dann die Spieße unter mehrfachem Wenden 8–10 Minuten grillen.
Pur, mit Vanilleeis oder Schlagsahne servieren.

Für 4 Spieße:

2 Nektarinen
8 Aprikosen
8 Erdbeeren
350 g Zitronenrührkuchen
   (z. B. von Bahlsen)
10 EL Kristallweizen
Grillspieße aus Holz

Ananass

Nein, das ist kein Schreibfehler. Wir bringen die Tropenfrucht bierfeucht auf den Grill.

Blütenansatz und Boden der Ananas abschneiden, aber die Frucht nicht schälen. Die Ananas hochkant stellen und längs halbieren, dann die Hälften wieder längs in jeweils vier Scheiben (»Schiffchen«) schneiden und den harten Mittelteil entfernen.
Die Zitronenmelisse waschen und trocken schütteln. Die Blättchen von den Stängeln zupfen und sehr fein hacken. Weizen und Honig gut verrühren und die Melisse untermischen.
Die Ananasschiffchen mit der Mischung einstreichen und auf den Grill legen. Bei geschlossenem Deckel ca. 15 Minuten grillen, dabei mehrmals mit der Biermischung bestreichen.

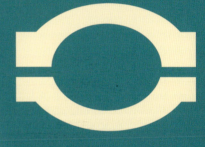

Für 4 Personen:

1 Ananas
4 Stängel Zitronenmelisse
8 EL Hefeweizen
4 EL flüssiger Honig

Erdbierchen

Zu süßen Früchtchen passt Weizenbier ideal.

Die Erdbeeren waschen und trocken tupfen, dann die Blütenansätze entfernen. Die Zitronenverbene waschen und trocken schütteln. Die Blätter von den Stängeln zupfen und sehr fein hacken.
Den Zucker in einer Grillschale mit dem Bier verrühren, bis er sich aufgelöst hat. Die Zitronenverbene unterrühren. Die Erdbeeren in die Mischung legen und mehrmals wenden, bis sie rundum mit der Flüssigkeit überzogen sind.
Die Butter in Flocken über den Erdbeeren verteilen. Die Schale auf den Grill stellen, den Deckel schließen und ca. 8 Minuten grillen.
Die Erdbierchen noch warm mit Sahne, Vanille- oder Pistazieneis servieren.

Für 4 Personen:

500 g Erdbeeren
2 Stängel Zitronenverbene, alternativ Zitronenmelisse
4 EL Zucker
4 EL Kristallweizen
50 g Butter

Mandeltörtchen

Unser Tipp: Eine Bratwurst weniger essen, damit noch Platz für dieses bierige Grilldessert bleibt.

Den Blätterteig rund 30 Minuten auftauen lassen, dann auf einer bemehlten Arbeitsfläche ca. 3 mm dick ausrollen und die Platten jeweils halbieren. Die Förmchen mit den Teighälften auslegen, aus den überlappenden Enden einen Rand hochziehen.

Mandeln, Zucker, Ei, Sahne und Bier gut verquirlen und auf die Blätterteigböden in die Förmchen füllen. In die Mitte jedes Törtchens eine Mandel setzen und ca. 25 Minuten bei geschlossenem Deckel grillen. Sie sind fertig, wenn die Mandelmasse leicht gebräunt und nicht mehr flüssig ist. Die Törtchen abkühlen lassen und vorsichtig aus den Förmchen lösen. Wer mag, isst Schlagsahne oder Vanilleeis dazu.

Für 4 Personen:

2 Scheiben TK-Blätterteig
Mehl für die Arbeitsfläche
100 g gemahlene Mandeln
60 g Zucker
1 Ei
1 EL Sahne
2 EL Bier
4 ganze blanchierte Mandeln
4 Tartelettförmchen (à 10 cm Ø)

Bocko-Apfel

Der Brat- wird hier zum Grillapfel, gefüllt mit unserer Universal-Bockocreme und benetzt von Bockbier.

Die Äpfel waschen und trocken reiben. Die Kerngehäuse ausstechen, den Blütenansatz jeweils abschneiden und den Apfelboden damit wieder verschließen. Mit einem kleinen Kugelausstecher die Höhlen kegelförmig erweitern. Dann die Creme in die Äpfel füllen.
Eine Grillschale mit der Butter einfetten und die Äpfel hineinsetzen. Das Bockbier in die Schale gießen, die Haselnüsse auf die Äpfel streuen und festdrücken. Die Äpfel 5 Minuten grillen, dann die Schale mit einem Stück Alufolie abdecken und die Äpfel weitere 5 Minuten auf dem Grill garen.

Für 4 Personen:

4 Äpfel
8 EL Bockocreme
    (s. S. 153, nur die Hälfte
    davon zubereiten)
1 EL Butter
8 EL Bockbier
100 g gehackte Hasel-
    nüsse

Bocko-Banane

Ein schnelles, süßes Vergnügen, weil die Bockofüllung schon auf dem Grill geschmolzen werden kann, während dort noch Würstchen und Steaks brutzeln.

Die Schokolade in mittelgroße Stücke brechen und mit der Butter in eine feuerfeste Form geben. Auf dem Grill (alternativ im Wasserbad auf dem Herd) erhitzen, bis die Schokolade geschmolzen ist. Nach und nach das Bockbier unterrühren, bis eine cremige Masse entsteht. Von der Hitze nehmen und leicht auskühlen lassen.

Die Schale der Bananen längs einschneiden und einen ca. 1 cm breiten Streifen über die ganze Länge der Banane hinweg entfernen. Das Fruchtfleisch in regelmäßigen Abständen quer einschneiden, zusätzlich kleine Keile herausschneiden und die Bockocreme hineinstreichen. Die Bananen mit der Schalenseite nach unten bei nicht zu starker Hitze 8–10 Minuten grillen.

Für 4 Personen:

100 g Zartbitterschokolade (wer's süßer mag, nimmt Vollmilch)
1 EL Butter
100 ml Bockbier
4 Bio-Bananen

TIPP

Dazu passt Vanilleeis oder Schlagsahne. Wenn von der Bockocreme etwas übriggeblieben ist, schmeckt sie auch solo gut zu Eis.

Rauchbier-Bömbchen

Auch Kuchen lässt sich grillen.

Die Schokolade in grobe Stücke brechen. Mit Butter und Bier im Wasserbad schmelzen lassen und verrühren.
Eier und Zucker schaumig rühren und mit der Schoko-Bier-Mischung vermengen. Zum Schluss das Mehl unterheben.
Die Förmchen mit Butter auspinseln und den Teig einfüllen. Dann auf den Grill stellen und ca. 12 Minuten bei geschlossenem Deckel backen. Wenn die Oberfläche fest ist, sind die Bömbchen fertig.
Nach 10 Minuten Abkühlen können die Küchlein aus den Förmchen gestürzt werden. Wer mag, bestreicht sie mit Bockocreme (s. S. 153) und bestreut sie mit Pistazien.

Für 4 Bömbchen:

120 g Zartbitterschokolade
70 g Butter, plus etwas mehr für die Förmchen
4 EL Rauchbier (falls nicht vorhanden, geht auch ein dunkles Bier)
2 Eier
60 g Zucker
40 g Mehl
4 Soufflé- oder Muffinförmchen (ca. 6 cm Ø)
16 Pistazienkerne

Biersich vom Grill

Ein vitaminreicher und leichter Abschluss für jeden Grillabend.

Die Pfirsiche waschen, halbieren und entsteinen. Die Heidelbeeren waschen, verlesen und zum Trocknen auf Küchenpapier auslegen.
Die Pfirsichhälften mit der Schnittfläche nach oben in eine Grillschale legen. Jede Hälfte mit einem Löffel Heidelbeeren füllen. Mit Zucker bestreuen, dann das Bier darüberträufeln. Zum Schluss auf jede Pfirsichhälfte eine Flocke Butter setzen.
Die Schale auf den Rost stellen und die Biersiche bei geschlossenem Deckel 10-12 Minuten grillen.

Für 4 Personen:

4 nicht zu reife Pfirsiche
250 g Heidelbeeren
3 EL brauner Zucker
4 EL Hefeweizen
75 g Butter

Getränke

Radler vom Grill

Auf dem Grill karamellisierte Zitronenviertel geben der Bier-Limonaden-Mischung das gewisse Etwas.

Die Zitronen heiß waschen, trocken reiben und vierteln. Den Zucker auf die Schnittflächen streuen. Die Zitronen mit der Schnittfläche nach unten auf dem sauberen Grill 10–12 Minuten bräunen, dabei mehrmals wenden, bis der Zucker karamellisiert ist. Vom Grill nehmen und abkühlen lassen.

Das Bier zu gleichen Teilen auf fünf Gläser oder Krüge verteilen, dann gleichmäßig mit Zitronenlimo auffüllen und die karamellisierten Zitronenstücke dazugeben.

Für 5 Personen (oder für 4, von denen eine doppelt durstig ist):

2 ½ Bio-Zitronen
75 g Zucker
1 ½ l helles Bier (3 Flaschen)
1 l Zitronenlimonade

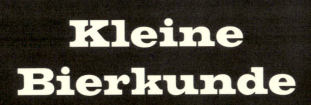

Stammwürze und Steuern

Zunächst ein bisschen Bierokratie: Bier wird, gemäß dem deutschen Biersteuergesetz (BierStG), nach Grad Plato in Steuerklassen eingeteilt. Dabei ist Grad Plato der Stammwürzegehalt des Bieres in 100 Gramm Bier.

Was ist Stammwürze? Der Stammwürzegehalt ist die entscheidende Messgröße beim Bierbrauen. Es handelt sich um den Anteil der aus Malz und Hopfen im Wasser gelösten nicht flüchtigen Stoffe vor der Gärung, wie Malzzucker, Eiweiß, Aromastoffe oder Vitamine. Gemessen wird in Grad Plato (°P), benannt nach dem deutschen Chemiker Fritz Plato, der um 1900 das Maßsystem des böhmischen Chemikers Karl Josef Napoleon Balling von 1843 weiterentwickelte. Umgangssprachlich ist meist aber einfach von »Prozent« die Rede.

Die Stammwürze hat fürs Bier dieselbe Bedeutung wie der Most (gemessen in Grad Oechsle) für den Wein. Sie bestimmt den späteren Alkoholgehalt sowie den Nährwert des Bieres. Die Stammwürze wird mithilfe der Hefe zu je etwa einem Drittel in Alkohol und Kohlensäure vergoren, ein Drittel ist unvergärbarer Restextrakt.

Grobe Faustregel also: Stammwürzegehalt geteilt durch drei ergibt den Alkoholgehalt.

Steuerrechtlich gesehen gibt es nur vier Arten von Bier: Einfachbier (Stammwürze 1 ½–6,9 %), Schankbier (Stammwürze 7,0–10,9 %), Vollbier (Stammwürze 11,0–15,9 %) und Starkbier (Stammwürze mindestens 16,0 %). Und von denen sind auch nur zwei, nämlich Voll- und Starkbier, fürs Kochen interessant.

Zum Glück sieht die Bierrealität ganz anders aus. Der Vielfalt sind fast keine Grenzen gesetzt. Einen kleinen Überblick liefert das folgende Glossar.

Obergärige Biere

Die obergärige Hefe treibt während der Gärung nach oben. Der Schaum, der sich dabei bildet, schützt das Bier vor Bakterien- und Pilzbefall. Die Gärung verläuft recht schnell. Obergärige Biere hielten sich früher nicht lange und mussten rasch verbraucht werden. Bekannteste Vertreter sind heute Weizen (Weißbier), Kölsch, Alt und Berliner Weiße.

Untergärige Biere

Die untergärige Hefe sinkt bei der Gärung auf den Boden des Gärtanks. Das Bier benötigt eine längere Reifezeit als ein obergäriges, ist aber auch länger haltbar. Weil der Herstellungsprozess Kühlung erfordert, setzte sich die untergärige als ganzjährige Brauweise erst mit der Entwicklung der Kältemaschine ab den 1870er-Jahren mehr und mehr durch. Beispiele für untergärige Biere sind Pils, Märzen und Export.

Hell und Dunkel

Grundsätzlich lassen sich Biere in zwei Arten aufteilen, die sich allein nach der Farbe definieren und noch nichts über die Braumethode aussagen: helle und dunkle Biere. Der Übergang ist dabei fließend. Die Farbpalette reicht von hellblond über goldgelb und bernsteinfarben bis hin zu schwarz. Die Farbe wird vor allem vom verwendeten Malz bestimmt. Je heißer die Luft beim Darren (Trocknen) des Getreides, desto dunkler wird das Malz und damit auch das Bier. Helles Malz wird bei etwa 80 °C, dunkles bei 100 °C gedarrt. Außerdem gibt es auch noch Farbmalz, das bei über 200 °C geröstet wird. Hieraus wird sogenanntes Farbebier hergestellt, mit dem zum Beispiel helles Bier nachgedunkelt werden kann, ohne gegen das Reinheitsgebot zu verstoßen.

Wenn in diesem Kochbuch ein helles oder dunkles Bier empfohlen wird, dann wirklich nur wegen der Farbe. Über die Sorte kann jeder nach eigenem Geschmack oder Vorrat entscheiden. Eine Ausnahme bilden Pils und Weizen. Das Pils ist stärker gehopft und das Weizen unterscheidet sich durch seine Grundzutat geschmacklich sehr deutlich.

Craft Beer

Craft Beer ist seit ein paar Jahren auch in Deutschland in vieler Munde. Doch was verbirgt sich dahinter? Im Heimatland des Reinheitsgebotes, das gerade dessen 500. Geburtstag feiert, vermuten zahlreiche Biertrinker immer noch Panschereien und Bierfrevel hinter Gerstensäften, die nach Südfrüchten duften oder bei denen sich Schokoladennoten herausschmecken lassen. Tatsächlich aber lassen sich mit einer erstaunlichen Vielfalt an Aromahopfen und Röstmalzen Reinheitsgebot und überraschende Geschmacksnuancen in Einklang bringen. Und wenn doch mal etwas anderes als Gerstenmalz, Hopfen und Wasser ins Spiel respektive Bier kommt – beispielsweise Chilis oder Orangenschalen –, können Craft-Beer-Brauer mit einem Natürlichkeitsgebot argumentieren. Also mit sauberen Rohstoffen – frei nach dem Motto: »Lieber unbehandelte Orangenschalen als gespritztes Getreide.«

Begonnen hat der Trend ausgerechnet in den USA, dem Land von Anheuser-Busch und Miller. Immer mehr Bierfreunde wehrten sich gegen die Massenware, vertrauten auf handwerklich gebrautes Bier mit Geschmack und Charakter – oder brauten es gleich selbst.

In Deutschland verschanzten sich die allermeisten Brauer derweil hinter dem Reinheitsgebot. Sie hatten es nicht nötig, über den Glasrand zu schauen – schließlich brauten sie ja das beste Bier der Welt. Selbst die naheliegende belgische Bierkultur wurde verachtet. Das Ergebnis: Eine Pils-Monokultur (über 50 % Marktanteil), ein aufstrebendes Weizenbier – und daneben nur noch ein bisschen Tradition in Form von Export. Traditionelle Sorten wie Märzen, Zwickel und Lager fristeten ein Randdasein.

Inzwischen gibt es amerikanische Craft-Beer-Brauereien (die sich immer noch als Gegenpol zum Industriebier definieren), denen man, gemessen an dem Ausstoß in Deutschland, Konzerngröße attestieren würde. Auf der anderen Seite hat eine neue Generation von Brauern (und Brauerinnen) aus kleinen und kleinsten Privatbrauereien in Deutschland entdeckt, dass Craft Beer wörtlich übersetzt nichts anderes ist als das Ergebnis dessen, was in ihren Familienbrauereien seit Jahrzehnten gemacht wird: handwerkliches Brauen. Zur Rückbesinnung auf traditionelle Biersorten kommt die Experimentierfreude. Zudem geben fortgeschrittene Hobbybrauer der Craft-Beer-Szene neue Impulse. Zugegeben: Es ist nicht alles Gold, was schäumt. Aber es hat sich in den letzten Jahren einiges in Sachen Biergeschmack und Biervielfalt bewegt.

Und davon profitiert auch unsere Bierküche.

Biersorten

Ale

Ein obergäriges Bier aus Gerstenmalz. Das Wort wird im englischen Sprachraum heute oft als Synonym für »beer« verwendet. Während »beer« aber mit Hopfen haltbar gemacht wurde, war das beim Ale früher nicht der Fall. Ale kann hell (pale) oder dunkel (brown) sein, die Geschmacksrichtungen reichen von leicht bitter bis malzig-süß.

Alt

Altbier wird am besten jung und frisch getrunken. Alt daran ist nur die obergärige Braumethode. Auch wenn es so ähnlich klingt wie Ale und diesem auch verwandt ist, hat es also eine andere sprachliche Wurzel. Das meist dunkelbernsteinfarbene, leicht bittere Bier aus Weizen- und Gerstenmalz wird überwiegend am Niederrhein (von Düsseldorf stromabwärts) gebraut und getrunken. Es hat einen Stammwürzegehalt um die 12 % und einen Alkoholgehalt von knapp 5 %.

Berliner Weiße

Sie tanzt hier mehrfach aus der Reihe. Sie ist ein obergäriges Schankbier (d. h. mit 7–8 % Stammwürze liegt der Alkoholgehalt nur bei ca. 2,8 %) aus Gersten- und Weizenmalz. Berliner Weiße ist eine eingetragene Marke des Verbands der Berliner Brauer. Anders als bei den meisten anderen Bieren folgt bei der Berliner Weißen auf die alkoholische Gärung noch eine Milchsäuregärung. Das verlängert die Haltbarkeit, verleiht dem Bier aber einen säuerlichen Geschmack – weshalb die Berliner Weiße meist »mit Schuss«, also mit süßem Fruchtsirup (in der Regel Himbeer- oder Waldmeistersirup), getrunken wird.

Bock

Wenn der Stammwürzegehalt über 16 % beträgt, darf sich das Starkbier Bock nennen, ab 18 % Stammwürze gar Doppelbock. Es gibt unter- und obergärige, helle und dunkle Bockbiere. Sie sind meist malzig, viele auch süßlich. Der Alkoholgehalt liegt meist zwischen 6 und 8 %, kann aber auch noch höher sein. Der Name kommt von der niedersächsischen Stadt Einbeck. Schon im Mittelalter wurde aus dieser Hansestadt das Bier weithin exportiert. Und um es für die lange Reise haltbar zu machen, wurde es extra stark eingebraut. So richtig angekurbelt haben den Bockbierkonsum später dann aber bayerische Mönche. Die benötigten in der Fastenzeit einen kräftigen, flüssigen Brotersatz.

Braunbier

Einst war Braun aufgrund der technischen Möglichkeiten beim Mälzen und Brauen die vorherrschende Farbe beim Bier. Heute stellen nur noch wenige Brauereien explizit Braunbier her. Das untergärige, bernsteinfarbene bis rötlichbraune Bier ist meist gering gehopft, malzig-süffig und kräftig.

Dunkles

Dunkles als Lagerbier ist heute vor allem in Bayern noch verbreitet. Es ist ein untergäriges Vollbier, das auch Export-Stärke haben kann. Als Münchner Dunkel ist es mäßig gehopft, mild und hat eine malzig-süßliche Note. Durch Röstmalz werden Farbe und Geschmack manchmal noch intensiviert. Der Alkoholgehalt liegt in der Regel zwischen 4,6 und 5,6 %.

Export

Dieses untergärige Bier heißt so, weil man es auch in ferne Städte und Länder exportieren konnte. Dazu war es stärker eingebraut, und der höhere Alkoholgehalt machte es haltbarer. Weil es aber so gut schmeckte, hat man es gerne auch gleich vor Ort getrunken. Noch heute muss der Stammwürzegehalt bei mindestens 12 % liegen, damit sich das Bier Export nennen darf. Der Alkoholgehalt liegt damit in der Regel zwischen 5,2 und 5,6 %. Es ist ein schwach gehopftes, helles oder dunkles Bier, zu dessen Herstellung mehr Malz verwendet wird als bei einem einfachen Hellen oder Lager. Das wirkt sich natürlich auch auf den Geschmack aus, der oft als aromatisch, weich, vollmundig und würzig beschrieben wird.

Helles

Hell ist vor allem in Süddeutschland, aber auch im Westen als Sortenbezeichnung für helles Lagerbier weit verbreitet. Das untergärige Vollbier hat eine Stammwürze zwischen 11 und 13 % und einen Alkoholgehalt von meist 4,5–5 %, manchmal auch darüber. Im Geschmack ist das Helle in der Regel weniger süß als etwa Export, obwohl im Gegensatz zum Pils der Hopfen weniger, das Malz etwas mehr betont ist.

India Pale Ale (IPA)

India Pale Ale ist eine stärkere Version des britischen Pale Ale. Das obergärige Bier wurde ab dem 19. Jahrhundert für den Export in die britischen Kolonien extra stark eingebraut, um es für den langen Seeweg haltbar zu machen (vgl. Export). Dabei setzte man jedoch nicht nur auf einen höheren Alkoholgehalt (bis zu 8 %), sondern auch auf eine extra starke Hopfung – denn auch Hopfen wirkt konservierend. Der Legende nach sollte das Bier dann vor Ort 1:1 mit Wasser verdünnt werden. Es darf angezweifelt werden, dass sich die Konsumenten in den Kolonien an diese Regel hielten. Wegen der besonders ausgeprägten Möglichkeit, mit den verschiedensten Aromahopfen zu experimentieren, hat sich das IPA zum Lieblingsbier der Craft-Beer-Brauer entwickelt.

Kölsch

Wie schon der Name verrät, wird dieses Bier hauptsächlich in und um Köln getrunken. Es ist auch eine EU-weit geschützte Herkunftsangabe, nach der dieses Bier lediglich in Köln bzw. von den Brauereien des Kölner Brauereiverbandes gebraut werden darf. Das helle, hopfenbetonte Vollbier wird obergärig gebraut und hat am Anfang des Brauvorgangs eine Stammwürze von etwas über 11 %. Am Ende bleibt ein Alkoholgehalt von knapp unter 5 %. Die Brautradition in Köln besteht übrigens wahrscheinlich seit mehr als 1000 Jahren. Die Brauer der Stadt haben sich schon im Mittelalter zu einem Verbund zusammengeschlossen.

Kellerbier

s. Zwickelbier

Lager

Als Lager wurden bis ins 19. Jahrhundert alle untergärigen Vollbiere bezeichnet. Mit einer Stammwürze zwischen 11 und 14 %, was einen Alkoholgehalt von etwa 4,5–5,5 % ergab, waren diese Biere längere Zeit lagerfähig. Das meistens helle Lager ist schwächer gehopft als Pils und dadurch weniger herb. Die Bezeichnung Lager ist auch im englischen Sprachraum weit verbreitet.

Märzen

Im Monat März – daher die Bezeichnung Märzen – setzte der Brauer einst noch ein kräftigeres haltbares Bier an, weil vielerorts das Brauen wegen der damit verbundenen Brandgefahr in den Sommermonaten verboten war. Außerdem waren für die untergärige Braumethode niedrige Temperaturen erforderlich. Die längere Haltbarkeit wurde durch einen höheren Stammwürze- und damit auch Alkoholgehalt als bei herkömmlichen Lagerbieren und durch stärkere Hopfung erreicht. Gehalten hat sich der Begriff Märzen vor allem in Süddeutschland und Österreich.

Pils

Nach der böhmischen Stadt Pilsen benannt, ist das Pils ein untergäriges, sehr helles, stark gehopftes Vollbier. Die Pilsner Brauart entstand im 19. Jahrhundert aus der bayerischen und beruht auf sehr hellem Malz, einer langsamen, kalten Gärung und einer langen, kalten Lagerung. Die Stammwürze beträgt mindestens 11, jedoch nicht mehr als 12,5 %, womit der Alkoholgehalt in der Regel knapp unter 5 % liegt. Heute ist Pils in Deutschland die mit Abstand am häufigsten konsumierte Biersorte und auch weltweit sehr verbreitet und beliebt. Die Hopfenbitterkeit ist zwar immer charakteristisch für ein Pils, aber norddeutsches Pils ist weit herber als süddeutsches, das meist noch eine leicht malzige Note hat.

Porter

Porter ist eine alte englische Biersorte, die ursprünglich im 18. Jahrhundert als Verschnitt von obergärigem Ale mit Lager- und anderen Bieren entstand, und vor allem von Hafenarbeitern (»porter«) getrunken wurde. Bald wurde es als eigenständige dunkle bis tiefschwarze Sorte mit stark malzbetontem Körper gebraut und verbreitete sich auch auf dem europäischen Kontinent – vor allem im Ostseeraum (»Baltic Porter«). Dort wurde es auch als untergäriges Starkbier mit einem Alkoholgehalt von bis zu 9 % gebraut. In England wurde daraus das Stout entwickelt, das das Porter im Laufe der Zeit verdrängte. Im 20. Jahrhundert war das Porter sowohl in

England wie in Deutschland beinahe von der Bierlandkarte verschwunden. Erst die aufblühende Craft-Beer-Szene der letzten Jahre verhalf dem Porter wieder zu einer Renaissance. Typisch ist der cremige, feinporige Schaum.

Rauchbier

Eine Spezialität aus dem oberfränkischen Bamberg. Seine besondere Note erhält es durch das Rauchmalz, das beim Darren durch die Befeuerung mit Buchenholz entsteht. Einst war Rauchbier eher die Regel, da zum Trocknen des Malzes Sonne und Luft oft nicht ausreichten und mit Feuer nachgeholfen wurde. Als sich das Malz im Laufe der technischen Entwicklung problemlos rauchfrei herstellen ließ, verzichteten fast alle Brauereien auf das offene Feuer. In Bamberg hielten die Brauereien *Spezial* und *Schlenkerla* die Tradition aber aufrecht. Mit einem großen Unterschied: Während das »Spezi« nur dezent rauchig und bernsteinfarben ist, hat das nahezu schwarze Schlenkerla einen sehr kräftigen Rauchgeschmack. Inzwischen haben einige Brauereien in Bamberg die Rauchtradition wieder aufgegriffen und es gibt sogar weltweit Nachahmer.

Schwarzbier

Ein – wie der Name schon sagt – sehr dunkles Vollbier, das ursprünglich in Thüringen und Sachsen beheimatet war, inzwischen aber weit verbreitet ist. Das früher oft obergärige Schwarzbier wird heute fast ausschließlich untergärig gebraut, mit einer Stammwürze von mehr als 11 % und einem Alkoholgehalt von meist knapp unter 5 %. Die dunkle Farbe hat es vom dunklen Brau- oder Röstmalz, das ihm eine besondere Geschmacksnote verleiht.

Stout

Ein meist aus Irland stammendes schwarzbraunes und – wie der Name sagt – kräftiges Bier, das zuerst in England als starkes Porter gebraut wurde. Gängige Marken begnügen sich mit einem Alkoholgehalt von etwa 5 %, als Craft Beer ist es jedoch auch mit 10 % und mehr zu haben. Das obergärige, hopfenbittere Stout wird mit besonders stark gerösteten Gerstenmalz gebraut. Es entwickelt einen sehr cremigem Schaum. Mit dem Schwarzbier ist es farblich, im Geschmack jedoch kaum vergleichbar.

Weizen

Weißbier, wie das Weizen in Bayern genannt wird, ist ein obergäriges Bier, das mindestens zur Hälfte aus Weizenmalz hergestellt wird – der Rest ist Gerstenmalz. Es gibt helles und dunkles Weizen, aber auch Weizenbock. Zu unterscheiden sind im Wesentlichen zwei Arten. Hefeweizen ist durch Hefe und natürliche Schwebstoffe, die bei der traditionellen Flaschengärung drin bleiben, trüb. Es ist vollmundiger als das spritzige Kristallweizen, dem nach der Gärung Hefe und Schwebstoffe durch Filtration entzogen werden. Von Südbayern aus hat sich das Weizenbier in den letzten Jahrzehnten in der ganzen Republik verbreitet.

Zwickelbier

Das Zwickel- oder Kellerbier ist vor allem in Oberfranken und der Oberpfalz verbreitet. Es ist ungefiltert und daher naturtrüb – das heißt, die unvergorene Hefe sowie die nahrhaften Schwebstoffe bleiben im Bier. Da es meist auch ungespundet ist, hat es weniger Kohlensäure (die kann während der Gärung durch das unverschlossene Spundloch des Fasses weitgehend entweichen). Das Zwickel- bzw. Kellerbier hat eine kürzere Reifezeit, aber auch eine geringere Haltbarkeit als andere untergärige Vollbiere. Es wird aber sowieso meist unmittelbar nach Abschluss des Gärungsprozesses frisch vom Fass getrunken.

Register

A

Akiras	124
Ananass	147
Asiasteaks	78
Aubierginen	140
Avocadosalat	49

B

B&B-Stripes	74
B&B-Zwiebeln	137
Beer-Moinks	71
Besoffenes Schaf	83
Bier-Crostinis	39
Bier-Speckdatteln	40
Bierbuletten im Meterbrot	60
Bierhintern-Hähnchen	90
Bieriger Jakob	107
Bierketchup	25
Bierkürbis	116
Biermelonensalat	46
Biersenf	25
Biersich vom Grill	156
Bierstöckchen	38
Biertobellos	119
Bock&Chili-T-Bone-Steak	80
Bockburger	73
Bocko-Apfel	151
Bocko-Banane	153
Bratwurst-Schaschlik	69
Bratwurstsalat mit Biernen	70
Brauerlauch	136

C

Calabieri 100
Chic-Chic-Chicorée 52
Chipotle-Süßkartoffeln 142
Chocolate-Chicken-Chips 87
Currywurst 68

E

Erdbierchen 148
Erdnusshähnchen 89
Estragon-Weizenbutter 33

F

Falafel 130
Feta-Päckchen 113
Feurige Frikadellen 57
Fränkische Köfte (Bratwurst am Stiel) 57

G

Gambas con cerveza 105
Garnelenspieße 106
Gefüllte Tomaten 123
Gemüsespieße 141
Glückliche Schafe 131
Grilleroni 43
Grillkohl 138
Grillschoten 134

H

Halloumi-Weizen-Spieße 117
Hauptsache Knoblauch 18
Honigbier-Hähnchen 88
Hopfenstopfer 17
Hopfentraum 27

I

Indische Tandoori-Marinade 19

K

Kakao-Koteletts 61
Knobierbutter 32
Knoblaise 27
Kolbenfresser 133
Kristall-Fruchtspieße 146

L

Lagerfeuerschaschlik 67
Lagerlachs im Holzpapier 97
Lammkoteletts 84
Lammspieße 85

M

Mandeltörtchen 150
Marineros (Kalmare) 103
Märzen-Möhren-Marinade 16
Märzenfrische Medaillons 64
Möhrchen 134

O

»Öl-Sardinen« 99

P

Pestokartoffeln 143
Portercreme 24
Porterhousesteak pur 77

Q

Quesagrillas 120

R

Radler vom Grill 159
Radlerfisch 98
Rauchbier-Bömbchen 154
Rauchige Zwiebelbutter 34
Roastbeef-Brötchen 79
Romana Blau 51
Rostsalat 48
Rucolasalat mit Pilzen und Parmesan 49

S

Scharfe Sache 29
Schnelle Currysauce 21
Schnelle Schwarzbiersauce 21
Schnelle Tofu-Bierger 126
Senf-Salbei-Schwarzbier-Marinade 16
Sommersauce 26

Steckrübensteaks 135
Süßscharf gefüllte Lende 65
Süßscharfe Sauce 30

T

Thai-Makrelen 102
Tofu-Bierger 125
Tofuspieße 129

V

Vegane Bieronaise 24
Veggie-Bierger 121

W

Weißbiersenf-Koteletts 63

Z

Ziege plus Bock 39
Zucchini-Feta-Röllchen 112
Zwickel-Zwiebel-Marinade 17
Zwiebelcreme 31
Zwierbel 114

Die Autoren

Barbara Dicker, geboren in Oberfranken, ist Dolmetscherin für Spanisch und studierte Anglistin. Ihre Küche ist folglich regional und international geprägt. Als Redakteurin schrieb sie für ein Fachmagazin zu Themen rund um die Küche und den gedeckten Tisch, als freie Journalistin für verschiedene Tageszeitungen über Kultur und Gesellschaft. Von ihr kam 2010 die Idee zum *Bierkochbuch*, das ein Jahr später mit dem *ars vivendi verlag* erfolgreich realisiert wurde. 2014 gewann sie den zweiten Preis beim Wettbewerb um den *Fränkischen Krimipreis*.

Hans Kurz, geboren und aufgewachsen in Oberschwaben, studierte Sinologie und Politische Wissenschaften in München, Taipei und Erlangen. Auf allen Stationen schaute der leidenschaftliche Hobbykoch und bekennende Bierliebhaber in die Kochtöpfe und erkundete die kulinarischen Köstlichkeiten. Seit fast 20 Jahren ist er Redakteur bei einer Tageszeitung in Franken und schreibt vor allem über Kommunalpolitik. Freiberuflich kommen dazu zwei weitere Ks: Kochbücher und Krimis. Seit 2013 erschienen der Kriminalroman *Hühnertod* sowie Beiträge in verschiedenen Krimi-Anthologien des *ars vivendi verlags*.

Gemeinsam veröffentlichten Barbara Dicker und Hans Kurz 2011 *Das Bierkochbuch*. Es folgten *Das Schnapskochbuch*, *Das Weinkochbuch* und *Promillekiller – 12 Krimis mit Schuss*.

Der Fotograf

Daniel Duve, 1973 in Nürnberg geboren, begann seine Karriere als Assistenz bei dem renommierten Nürnberger Werbe- und Foodfotografen Willy Weihreter. Nach anschließender 10-jähriger stellvertretender Studioleitung sowie freischaffenden Tätigkeiten als Fotograf eröffnete er 2010 sein eigenes Studio in Fürth. Seitdem fotografiert er für die Bereiche food, still life, product und interior. Beim ars vivendi verlag fotografierte er unter anderem für die *Kaffeeschule – Der Weg zum perfekten Kaffee*.

Dank

Wir danken *Le Creuset*, Kirchheim unter Teck, *ASA Selection*, Höhr-Grenzhausen, und der Metzgerei Erich Kolb, Seibelsdorf/Marktrodach, für Schönes und Leckeres, das sie uns zur Verfügung gestellt haben, Daniel Duve und Simone Goller für tolle Fotoideen und tatkräftige Unterstützung, und natürlich Josef und Grete Dicker und Emil und Emmy Kurz, weil sie uns die Liebe zum Essen und zum Bier nahebrachten.

Der Fotograf bedankt sich beim Restaurant *Goldener Pudel* in Nürnberg für die Ermöglichung einiger Moodaufnahmen für dieses Kochbuch sowie bei seiner Familie Yeter, Sezen und Koray für ihre rückhaltlose Unterstützung.